lonely planet

BARCELONE
EN QUELQUES JOURS

Regis St Louis, Sally Davies

Dans ce guide

L'essentiel

Pour aller droit au but et découvrir la ville en un clin d'œil.

Les basiques
À savoir avant de partir

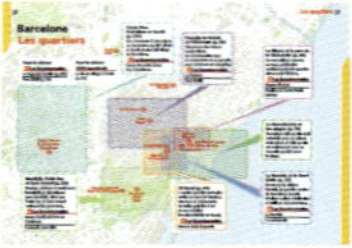

Carte des quartiers
Se repérer

Explorer Barcelone

Sites et adresses quartier par quartier.

Les incontournables
Pour tirer le meilleur parti de votre visite

100% barcelonais
Vivre comme un habitant

Barcelone selon ses envies

Les meilleures choses à voir, à faire, à tester...

Les plus belles balades
Découvrir la ville à pied

Envie de...
Le meilleur de Barcelone

Carnet pratique

Trucs et astuces pour réussir votre séjour.

Transports
Se déplacer comme les habitants

Infos pratiques
Hébergement et autres

Notre sélection de lieux et d'adresses

- Voir
- Se restaurer
- Prendre un verre
- Sortir
- Shopping

Légende des symboles

- Numéro de téléphone
- Horaires d'ouverture
- Parking
- Non-fumeurs
- Accès Internet
- Wi-Fi
- Végétarien
- Familles bienvenues
- Bus
- Ferry
- Métro
- Tramway
- Train

Retrouvez facilement chaque adresse sur les plans de quartiers

Dos Trece

10 Plan p. 50, B3

Un endroit animé et jovi… bruncher à toute heure – vous êtes végétarien/lien… un morceau tard le soir… …mburger juteux ou… plus élaboré. L… …e intéressante… …bles en terras… …jeux pour en… …ostrece.es ; Car… ; 10h-1h ;

Barcelone En quelques jours

Les guides *En quelques jours* édités par Lonely Planet sont conçus pour vous amener au cœur d'une ville.

Vous y trouverez tous les sites à ne pas manquer, ainsi que des conseils pour profiter de chacune de vos visites. Nous avons divisé la ville en quartiers, accompagnés de plans clairs pour un repérage facile. Nos auteurs expérimentés ont déniché les meilleures adresses dans chaque ville : restaurants, boutiques, bars et clubs... Et pour aller plus loin, découvrez les endroits les plus insolites et authentiques de la capitale de la Catalogne dans les pages "100% barcelonais".

Ce guide contient également tous les conseils pratiques pour éviter les casse-tête : itinéraires pour visites courtes, moyens de transport, montant des pourboires, etc.

Grâce à toutes ces infos, soyez sûr de passer un séjour mémorable.

Notre engagement

Les auteurs Lonely Planet visitent en personne, pour chaque édition, les lieux dont ils s'appliquent à faire un compte-rendu précis. Ils ne bénéficient en aucun cas de rétribution ou de réduction de prix en échange de leurs commentaires.

Barcelone selon ses envies 143

Les plus belles balades

Envie de...

Carnet pratique 177

L'essentiel

Bienvenue à Barcelone !

La capitale catalane pourrait bien être la ville la plus cool au monde. Alliant à merveille modernité et tradition au quotidien, elle se veut aussi avant-gardiste en matière de mode. Gaudí et les modernistes y côtoient l'architecture gothique, les plages ensoleillées tutoient des ruelles médiévales où se nichent d'excellents bars et restaurants, tandis que richesses artistiques et monuments phares partagent la vedette avec le FC Barcelona.

Vue de Barcelone
ALLAN BAXTER/GETTY IMAGES ©

Barcelone
Les incontournables

La Sagrada Família (p. 108)

Temple de la religion et de l'originalité architecturale, la Sagrada Família, consacrée en 2010, est le chef-d'œuvre moderniste de Gaudí. Un édifice extraordinaire toujours en construction !

NARVIKK/GETTY IMAGES ©

VLADITTO/SHUTTERSTOCK ©

Le parc Güell (p. 114)

Toute l'imagination de Gaudí se retrouve dans ce parc qui semble tout droit sorti d'un rêve enfantin avec ses structures étranges et ses animaux géants.

PIXELPROF/GETTY IMAGES ©

La cathédrale (p. 28)

La cathédrale de Barcelone assiste depuis des siècles à l'histoire de la ville en témoin sombre et silencieux. Imposante, monumentale et d'une beauté singulière, elle renferme un joli cloître peuplé d'oies.

MANFRED GOTTSCHALK/GETTY IMAGES ©

La Rambla (p. 24)

Peu de rues piétonnes peuvent rivaliser avec la Rambla qui traverse le vieux Barcelone jusqu'au rivage méditerranéen. Tableau, podium et scène, c'est tout à la fois.

La Basílica de Santa Maria del Mar (p. 62)

Mêlant grâce, harmonie, symétrie et simplicité, cet imposant lieu de culte est la plus belle église gothique de la ville.

DOMINGO LEIVA/GETTY IMAGES ©

La Casa Batlló (p. 92)

Gaudí s'est surpassé avec cet immeuble extravagant, remarquable ensemble de carreaux chatoyants, balcons ondulants et toit évoquant l'échine d'un dragon, sur l'avenue principale de Barcelone.

ROCKY89/GETTY IMAGES ©

CATERINA BARJAU/MUSEU PICASSO ©

Le Museu Picasso (p. 58)

Cadeau de Pablo Picasso à cette ville qu'il aimait tant, cette superbe collection rassemble ses premières œuvres desquelles se dégage la recherche de son style personnel.

SERGIO PARISI/GETTY IMAGES ©

Le Mercat de la Boqueria (p. 46)

L'un des plus grands marchés alimentaires d'Europe, pièce maîtresse de la culture culinaire barcelonaise entre produits catalans et bars à tapas animés.

Le Museu Nacional d'Art de Catalunya (p. 118)

La plus belle collection d'art de la ville : trésors romans des Pyrénées catalanes, tableaux de maîtres vénitiens de la Renaissance et œuvres d'artistes de la région.

KEMAL TANER/GETTY IMAGES ©

La Pedrera (p. 90)

Avant-dernier projet de Gaudí, cet immeuble d'habitation constitue un véritable chef-d'œuvre d'architecture moderniste, des cheminées évoquant des chevaliers aux poignées de porte "naturalistes".

SANTI RODRIGUEZ/SHUTTERSTOCK ©

ALBERTO MASNOVO/SHUTTERSTOCK ©

La Fundació Joan Miró (p. 122)

Ce musée réunit le plus important fonds mondial d'œuvres de Joan Miró, l'un des fils prodigues de Barcelone et figure incontournable de l'art catalan du XXe siècle.

KRZYSZTOF DYDYNSK/GETTY IMAGES ©

Le Camp Nou (p. 136)

Dans une ville saturée de lieux de culte et d'édifices emblématiques, le foyer du FC Barcelone est unique pour la passion qu'il soulève. C'est l'un des plus grands stades du monde et un lieu de pèlerinage.

100% barcelonais
Vivre comme un habitant

Conseils d'initiés pour découvrir le vrai Barcelone

Si vous souhaitez vraiment découvrir Barcelone plutôt qu'enchaîner simplement les sites touristiques, voici comment les Barcelonais vivent leur ville, entre bars à tapas anciens et marchés aux puces, danses traditionnelles catalanes et bars locaux immuables.

Un dimanche dans le Barri Gòtic (p. 30)

- Marchés de quartier
- Danse traditionnelle

Dans la partie la plus visitée de la ville, les habitants reprennent leur *barrio* (quartier) le dimanche. Joignez-vous à eux le temps d'une messe dans l'église du XIVᵉ siècle où fut arrêté Gaudí, puis profitez des marchés locaux. Visitez les symboles du pouvoir catalan et découvrez de vénérables restaurants.

À la découverte d'El Raval (p. 48)

- Bastion des traditions
- Rues authentiques

El Raval est un quartier unique à Barcelone, à la fois branché et un brin délabré à la manière des villes portuaires qui traversent les siècles. Vous y vivrez une expérience autant raffinée que bohème, à travers cultures, contre-cultures et classiques catalans intemporels.

Bars et tapas dans El Born (p. 64)

- Bars à tapas
- Vie nocturne

La gastronomie et le vin sont, à juste titre, deux grandes préoccupations nationales, et El Born, lacis de rues médiévales près de la limite sud de la Ribera, est l'un des meilleurs endroits pour boire un verre ou savourer des tapas.

La mer et les produits de la mer à la Barceloneta (p. 78)

- Restaurants de poisson
- Plages

Une armada de bars animés et de restaurants typiques de poisson : les traditions perdurent dans l'ancien quartier de pêche de la Barceloneta. Mais la Barcelone moderne a investi les plages et les marinas alentour, créant deux mondes distincts dans une seule ville.

Shopping dans le Quadrat d'Or (p. 94)

- Boutiques de créateurs
- Épiceries fines

Le Passeig de Gràcia, qui compte parmi les grandes artères commerçantes européennes, rassemble

NITO/SHUTTERSTOCK ©

Plage de la Barceloneta (p. 79)

les plus célèbres boutiques de mode de la ville. Dans l'Eixample, le shopping met en avant les grands noms locaux de la couture, de l'ameublement et de la gastronomie.

La vie de village à Gràcia (p. 112)

- Places à l'ancienne
- Marchés et bars

À l'orée du centre-ville mais à mille lieues de l'agitation urbaine, ruelles étroites, places paisibles et une ambiance de quartier étroitement soudé confèrent à Gràcia un air villageois. Les marchés, bars et restaurants comme autrefois côtoient une nouvelle vague de boutiques de créateurs et de bars à tapas tendance. Un quartier hétéroclite et décalé, comme les aiment les Barcelonais.

Une soirée entre Sant Antoni et Poble Sec (p. 124)

- Bars-terrasses
- Tapas

Au pied de la colline de Montjuïc, les rues piétonnes de Poble Sec abondent en bonnes adresses bohèmes où boire un verre et manger des tapas. L'animation se poursuit de l'autre côté de la large Avenida del Paral·lel, à Sant Antoni, dans les cafés et les bars à tapas originaux.

D'autres lieux pour vivre le Barcelone des Barcelonais :

Cafés du Barri Gòtic (p. 40)

Antic Hospital de la Santa Creu (p. 51)

Bars de plage (p. 86)

Parc de la Ciutadella (p. 68)

Speakeasy (p. 102)

Filmoteca de Catalunya (p. 55)

Passadís del Pep (p. 70)

Carrer de Blai (p. 132)

Sarrià (p. 139)

Aire de Barcelona (p. 74)

Barcelone en 4 jours

1er jour

Commencez par le site incontournable de Barcelone, la superbe **Sagrada Família** (p. 108), en arrivant tôt pour éviter l'attente. Consacrez au moins deux heures à admirer la fantaisie architecturale de Gaudí, puis dirigez-vous vers **La Pedrera** (p. 90) et la **Casa Batlló** (p. 92) avant d'aller chiner sur le **Bulevard dels Antiquaris** (p. 106). Accordez-vous une pause déjeuner au **Tapas 24** (p. 101).

Après le déjeuner, une balade sur **la Rambla** (p. 24) vous conduira dans les étroites ruelles du plus vieux quartier de Barcelone, le Barri Gòtic. De la **Plaça Reial** (p. 34), rejoignez l'**Església de Santa Maria del Pi** (p. 34), et enfin **la cathédrale** (p. 28). Mais vous pouvez aussi simplement vous promener sans but précis.

Le soir venu, picorez des en-cas accompagnés de *cava* (vin pétillant) au **El Xampanyet** (p. 65), suivis de tapas créatives au **Bar del Pla** (p. 65), puis rendez-vous au **Cal Pep** (p. 65), toujours aussi prisé. Toutes les adresses du Passeig del Born se prêtent à une soirée animée, mais les tables en terrasse de **La Vinya del Senyor** (p. 73) offrent une vue imprenable sur la cathédrale.

2e jour

De bon matin, promenez-vous entre les étals du **Mercat de la Boqueria** (p. 46), puis allez prendre le petit-déjeuner au **Bar Pinotxo** (p. 47). Les expositions du **MACBA** (p. 51) et du **Centre de Cultura Contemporània de Barcelona** (p. 51) valent le détour. Dégustez un chocolat chaud à la **Granja M Viader** (p. 49) et déjeunez au **Flax & Kale** (p. 52).

Le **Palau Güell** (p. 51) est idéal pour démarrer l'après-midi. Après une heure de visite, traversez la vieille ville pour découvrir la sublime **Basílica de Santa Maria del Mar** (p. 62) au cours d'une heure de paisible contemplation. Terminez par quelques heures au **Museu Picasso** (p. 58), l'un des musées les plus intéressants de Barcelone.

Dans la vieille ville, l'ambiance feutrée de **La Vinateria del Call** (p. 35) est parfaite pour déguster un repas catalan, après quoi vous pourrez aller siroter un thé dans le cadre enchanteur du **Salterio** (p. 40). Vous pouvez aussi opter pour des tapas au **Belmonte** (p. 36) avant d'aller voir un spectacle au **Gran Teatre del Liceu** (p. 41). Enfin, prenez un dernier verre à l'**Ocaña** (p. 39), sur la Plaça Reial.

Votre temps vous est précieux !

Nous avons concocté pour vous des itinéraires qui vous permettront d'optimiser le peu de temps dont vous disposez.

3e jour

Après une balade matinale sur **la Rambla** (p. 24), quittez sa partie sud et empruntez la Rambla del Mar pour une promenade en bord de mer. La visite du **Museu d'Història de Catalunya** (p. 82) vous en apprendra plus sur l'histoire catalane. Ensuite, plongez dans le vieux quartier de pêcheurs de la **Barceloneta** (p. 76) et ressortez de l'autre côté pour une marche sur la plage. À midi, offrez-vous un festin de fruits de mer avec vue sur la Méditerranée au **Barraca** (p. 86).

Le **Teleférico del Puerto** (p. 83) vous conduit à Montjuïc, où l'on jouit d'une belle vue sur Barcelone. Les musées, points de vue et jardins de Montjuïc valent tous le détour, mais quelques heures dans les superbes **Fundació Joan Miró** (p. 122) et **Museu Nacional d'Art de Catalunya** (p. 118) vous occuperont tout l'après-midi.

Au pied de la colline de Montjuïc, on trouve l'excellent bar à tapas **Quimet i Quimet** (p. 132). Vous pouvez ensuite aller boire un verre dans le cadre vermillon d'**El Rouge** (p. 125), puis rejoindre à pied le **Bar Calders** (p. 125), à Sant Antoni.

4e jour

Profitez de la matinée pour découvrir deux des sites les plus emblématiques (bien que très différents) de Barcelone : le merveilleux **parc Güell** (p. 114) aux allures de terrain de jeux, fruit de l'imagination fertile de Gaudí, et le stade du FC Barcelone, le **Camp Nou** (p. 136). Prévoyez deux heures pour chacun des sites. Rejoignez ensuite les ruelles pittoresques de Sarrià pour un déjeuner au **Vivanda** (p. 140).

Regagnez la vieille ville pour visiter le **Palau de la Música Catalana** (p. 74) avant d'aller vous imprégner de l'ambiance animée de marché du **Mercat de Santa Caterina** (p. 68). Le métro vous conduira ensuite au **Passeig de Gràcia**, dans l'Eixample, temple européen du shopping (p. 94). Vous aurez alors bien mérité un verre de vin rouge velouté au **Monvínic** (p. 95).

La dernière soirée à Barcelone se doit d'être particulière : accordez-vous un luxueux dîner au restaurant étoilé **Cinc Sentits** (p. 104), ou à la **Casa Calvet** (p. 104), décorée par Gaudí. Après un délicieux cocktail au **Dry Martini** (p. 105), descendez une dernière fois **la Rambla** (p. 24) pour faire vos adieux à la ville.

Les basiques

Pour plus de renseignements, voir le *Carnet pratique* (p. 177)

Devise
Euro (€)

Langue
Espagnol et catalan

Visas
Pour les ressortissants de l'UE et de la Suisse, une simple carte d'identité suffit. Les Canadiens n'ont pas besoin d'un visa pour un séjour inférieur à 90 jours mais doivent présenter un passeport en cours de validité.

Argent
Nombreux DAB. Cartes bancaires acceptées dans la plupart des hôtels, restaurants et magasins.

Téléphones portables
Les cartes SIM locales sont compatibles avec les téléphones européens débloqués. Sur les autres téléphones, l'itinérance doit être activée.

Heure
Europe de l'Ouest (GMT/UTC + 1 heure, ou + 2 heures à l'heure d'été).

Prises et adaptateurs
Les prises ont deux fiches rondes ; la tension électrique est de 220V.

Pourboire
Généralement, quelques pièces (1 € par personne au restaurant) ou la somme arrondie (dans les taxis) suffisent.

1 Avant de partir

Budget quotidien

Moins de 60 €

- Dortoir 17-28 €
- Menu déjeuner à partir de 10 €
- Location de vélo 5 €/heure

60 €-200 €

- Double standard à l'hôtel 80-140 €
- Déj dans un restaurant avec boisson : 50 € pour deux
- Circuit guidé 15-25 €

Plus de 200 €

- Double dans hôtel de charme ou de luxe à partir de 200 €
- Repas gastronomique 80 €
- Concert au Palau de la Música Catalana 50 € environ

Sites Internet

- **Barcelona Turisme** (www.barcelonaturisme.com). Portail officiel du tourisme de la ville.
- **Le cool** (lecool.com). Guide hebdomadaire insolite des événements à Barcelone.
- **Les bons plans de Barcelone** (les-bons-plans-de-barcelone.com). Adresses inédites et conseils futés.
- **Lonely Planet** (www.lonelyplanet.fr). Renseignements sur Barcelone, forums des voyageurs, etc.

À prévoir

Trois mois avant Réservez votre hôtel et une table dans un grand restaurant.

Un mois avant Consultez le calendrier des spectacles et achetez vos billets.

Une semaine avant Renseignez-vous sur les sorties nocturnes, les expositions et autres manifestations.

2 Arriver à Barcelone

La plupart des visiteurs arrivent à l'aéroport del Prat (www.aena.es), à 12 km au sud-ouest de la ville. Certaines compagnies utilisent l'aéroport de Girona-Costa Brava (www.girona-airport.net), à 92 km au nord de Barcelone. La gare principale est l'Estació de Sants, à 2,5 km à l'ouest de la Rambla.

Depuis l'aéroport del Prat

Destination	Transport recommandé
Barri Gòtic	Aerobús A1/2 ; métro (ligne 3)
El Raval	Aerobús A1/2 ; métro (ligne 3)
La Ribera	Aerobús A1 /2 ; métro (lignes 1, 4)
La Barceloneta	Aerobús A1/2 ; métro (lignes 1, 4)
L'Eixample	Train R2 Nord

Depuis l'aéroport de Girona-Costa Brava

Destination	Transport recommandé
Barri Gòtic	Barcelona Bus ; métro (lignes 1, 3)
El Raval	Barcelona Bus ; métro (lignes 1, 3)
La Ribera	Barcelona Bus
La Barceloneta	Barcelona Bus ; métro (lignes 1, 4)
L'Eixample	Barcelona Bus ; métro (lignes 1, 3)

Dans les aéroports

Aéroport del Prat Les halls d'arrivée des terminaux 1 et 2 disposent de DAB et de kiosques touristiques.

Aéroport de Girona-Costa Brava Les halls de retrait des bagages et d'arrivée sont dotés de DAB.

3 Comment circuler

Le réseau de transport public de Barcelone est efficace et complet. À part pour se rendre en ville depuis l'aéroport, le métro (www.tmb.net) est le meilleur moyen pour se déplacer. Certains endroits excentrés non desservis par le métro sont accessibles par le réseau des trains de banlieue FGC (www.fgc.net). Les mêmes tickets sont valables pour les deux réseaux (ainsi que dans les bus) ; le billet T-10 de 10 trajets (10,30 €) est plus avantageux que les tickets individuels.

Métro

Huit lignes de métro de couleurs différentes parcourent le centre de Barcelone.
Les stations entourent la vieille ville (le Barri Gòtic, El Raval et la Ribera), et le métro conduit jusqu'aux limites de la Barceloneta. Plusieurs stations parsèment l'Eixample.

FGC

Le réseau des trains de banlieue est très pratique pour Pedralbes, Sarrià et Gràcia. Les gares Passeig de Gràcia et Plaça de Catalunya sont situées dans le centre-ville.

Funiculaire et téléphériques

Un funiculaire (appartenant au réseau du métro) relie la station de métro Paral·lel aux stations de la colline de Montjuïc ; ces stations supplémentaires appartenant au Telefèric de Montjuïc ont un système de tickets différent et conduisent au sommet. Le Teleférico del Puerto relie la Barceloneta à Montjuïc.

Taxi

Les taxis peuvent être hélés dans la rue ou réservés par téléphone. Ils sont pratiques pour circuler en ville hors des heures de pointe.

Vélo

Barcelone compte plus de 180 km de pistes cyclables et de nombreux loueurs de vélos ; les vélos rouges "Bicing" sont eux réservés aux résidents.

Barcelone
Les quartiers

Vaut le détour

Les incontournables

La Sagrada Família (p. 108)

Parc Güell (p. 114)

Vaut le détour

100% barcelonais

La vie de village à Gràcia (p. 112)

Camp Nou, Pedralbes et Sarrià (p. 134)

On y trouve le FC Barcelone, un monastère du XIVe siècle et Sarrià, le plus joli village de Barcelone.

Les incontournables

Camp Nou et le Camp Nou Experience

Montjuïc, Poble Sec et Sant Antoni (p. 116)

Musées, château et anciennes installations olympiques pour Montjuïc, alors que Poble Sec et Sant Antoni ravissent les gourmets.

Les incontournables

Museu Nacional d'Art de Catalunya

Fundació Joan Miró

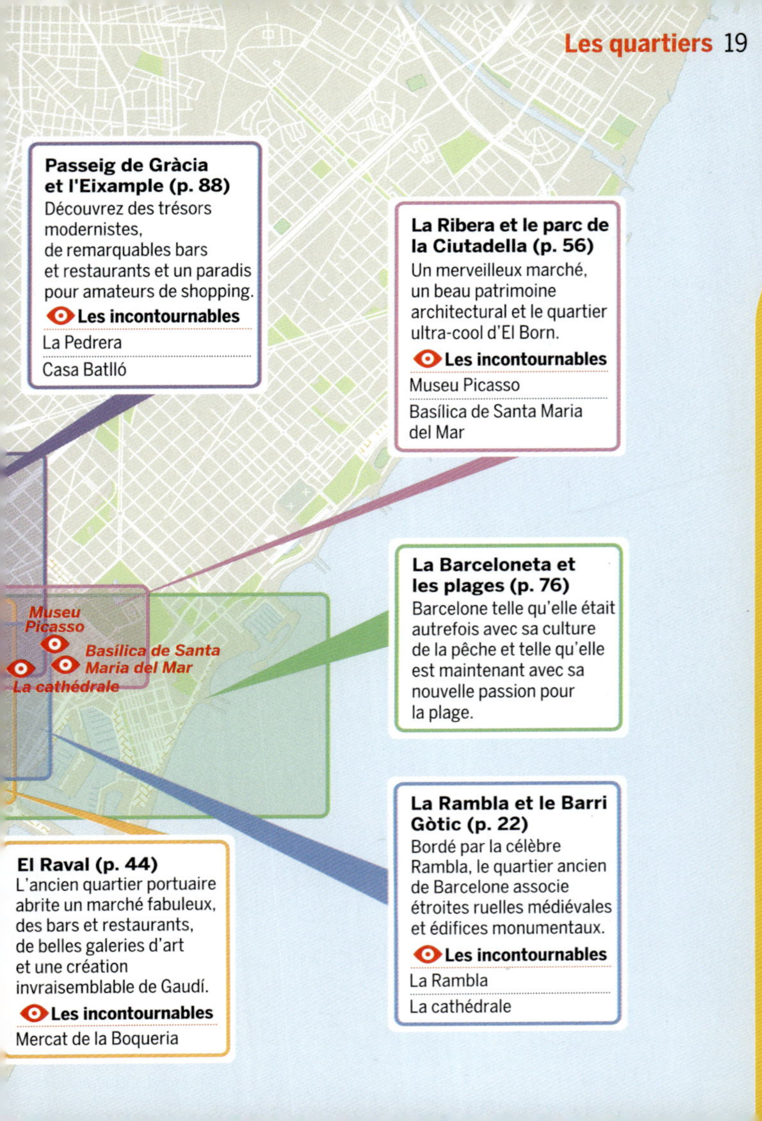

Passeig de Gràcia et l'Eixample (p. 88)

Découvrez des trésors modernistes, de remarquables bars et restaurants et un paradis pour amateurs de shopping.

Les incontournables

- La Pedrera
- Casa Batlló

La Ribera et le parc de la Ciutadella (p. 56)

Un merveilleux marché, un beau patrimoine architectural et le quartier ultra-cool d'El Born.

Les incontournables

- Museu Picasso
- Basílica de Santa Maria del Mar

La Barceloneta et les plages (p. 76)

Barcelone telle qu'elle était autrefois avec sa culture de la pêche et telle qu'elle est maintenant avec sa nouvelle passion pour la plage.

La Rambla et le Barri Gòtic (p. 22)

Bordé par la célèbre Rambla, le quartier ancien de Barcelone associe étroites ruelles médiévales et édifices monumentaux.

Les incontournables

- La Rambla
- La cathédrale

El Raval (p. 44)

L'ancien quartier portuaire abrite un marché fabuleux, des bars et restaurants, de belles galeries d'art et une création invraisemblable de Gaudí.

Les incontournables

- Mercat de la Boqueria

W
W
COMSA
OHL

Explorer
Barcelone

Vaut le détour

Plage de la Barceloneta (p. 79)

Explorer

La Rambla et le Barri Gòtic

Artère emblématique de Barcelone, la Rambla constitue une expérience incontournable. Du côté est, le Barri Gòtic (quartier gothique) remontant à l'époque romaine forme un lacis de ruelles pittoresques et de places cachées où de charmants cafés, boutiques et restaurants émaillent l'architecture médiévale.

L'essentiel en un jour

Démarrez la journée le plus tôt possible en descendant **la Rambla** (p. 24), puis dirigez-vous vers **la cathédrale** (ci-contre ; p. 28) ; mieux vaut arriver rapidement après son ouverture. Si vous ne vous y attardez pas trop, vous pourrez sans doute caser dans votre matinée la visite du **Museu Frederic Marès** (p. 34), couronnée d'un verre en terrasse dans son café.

Après un déjeuner typiquement catalan au **Cafè de l'Acadèmia** (p. 36), plongez dans le dédale du vieux quartier gothique à l'héritage romain. C'est un cadre idéal pour se promener en s'arrêtant au **Museu d'Història de Barcelona** (p. 34) et en passant devant le **Temple Romà d'August** (p. 34). L'**Església de Santa Maria del Pi** (p. 34) est à ne manquer sous aucun prétexte.

La **Plaça Reial** (p. 34) est un excellent endroit pour commencer la soirée, en particulier à l'**Ocaña** (p. 39). Après avoir dîné au **Belmonte** (p. 36) ou au **Pla** (p. 38), allez voir un spectacle au **Jamboree** (p. 42) ou au **Gran Teatre del Liceu** (p. 41). Terminez la soirée par les cocktails sur mesure, les rythmes plaisants et l'atmosphère détendue du **Ginger** (p. 38).

Voir p. 30 pour profiter du Barri Gòtic comme un habitant.

Les incontournables

La Rambla (p. 24)

La cathédrale (p. 28)

100% barcelonais

Un dimanche dans le Barri Gòtic (p. 30)

Le meilleur du quartier

Cuisine catalane

Cafè de l'Acadèmia (p. 36)

Belmonte (p. 36)

Vinateria del Call (p. 35)

Bars

Ocaña (p. 39)

Sor Rita (p. 40)

Comment y aller

M Métro C'est la meilleure option pour parcourir ce quartier. La station Catalunya (lignes 1, 3, 6 et 7) se trouve en haut de la Rambla et Liceu (ligne 3) au milieu. La station Jaume I (ligne 4) est située à la limite est du Barri Gòtic.

M Métro La station Drassanes (ligne 3) se trouve au bout de la Rambla, en bord de mer.

Les incontournables
La Rambla

Pas de séjour à Barcelone sans une promenade sur la Rambla. Cette artère de 1,25 km rassemble à elle seule des stands de nourriture et de fleurs, des artistes de rue, de grandioses édifices publics, un marché alimentaire alléchant, des touristes du monde entier, mais aussi des pickpockets et des prostituées. La vie se met en scène ici plus que n'importe où ailleurs. Un flot incessant de passants se dirige vers la Méditerranée, offrant un charmant contraste avec les trésors architecturaux statiques de Gaudí.

Plan p. 32, B5

M Catalunya, Liceu ou Drassanes

Foule sur la Rambla

À ne pas manquer

La Font de Canaletes

Depuis la Plaça de Catalunya, la Rambla se déploie en pente vers le sud-est. La première portion, la Rambla de Canaletes, tire son nom de la jolie fontaine en fer forgé du XIXe siècle, la Font de Canaletes. La légende raconte que celui qui boit son eau reviendra à Barcelone. C'est là que les supporters en liesse se rassemblent pour fêter chaque victoire du FC Barcelone.

Església de Betlem

Un peu plus au sud-est, l'**Església de Betlem** (☎93 318 38 23 ; www.mdbetlem.net ; Carrer d'en Xuclà 2 ; ⏲8h30-13h30 et 18h-21h ; Ⓜ Liceu), du début du XVIIIe siècle, fut autrefois le joyau de la maigre architecture baroque de Barcelone. L'extérieur fait encore belle impression mais un incendie a détruit l'essentiel de l'intérieur au début de la guerre civile, en 1936. À l'approche de Noël, ne manquez pas les *pessebres* (crèches).

Fleuristes

Les sens sont assaillis sur la Rambla de Sant Josep (du nom d'un monastère désormais disparu), qui s'étend de la Carrer de la Portaferrissa à la Plaça de la Boqueria. La Rambla de les Flors (son nom populaire) est presque entièrement bordée de stands de fleurs dont les parfums entêtants se joignent à l'animation alentour.

Palau de la Virreina

Cette grandiose demeure rococo du XVIIIe siècle se dresse légèrement en retrait de la bordure ouest de la Rambla. Elle abrite le **Centre de la Imatge** (☎93 316 10 00 ; ajuntament.barcelona.cat/lavirreina), un espace artistique avant-gardiste d'expositions temporaires, notamment de photographie.

À savoir

- Surveillez vos affaires en permanence, les pickpockets aiment autant la Rambla que les touristes.
- Parcourez la Rambla tôt le matin puis tard le soir pour découvrir ses différentes ambiances.
- À moins d'être prêt à débourser 10 € pour une bière, évitez les terrasses sur l'avenue principale.
- Les balcons du Museu de l'Eròtica offrent une superbe vue sur l'entrée du Mercat de la Boqueria.

Une petite faim ?

Pour un vrai repas à table, choisissez l'un des nombreux restaurants de la Plaça Reial (p. 34).

Pour un petit-déjeuner – ou un café à n'importe quel moment de la journée – rien de mieux que le **Café de l'Òpera** (plan p. 32, B5 ; ☎93 317 75 85 ; www.cafeoperabcn.com ; La Rambla 74 ; ⏲8h30-2h30 ; 📶 ; Ⓜ Liceu).

Mercat de la Boqueria

Chefs cuisiniers, employés de bureau et touristes déambulent entre les étals de ce vénérable marché (p. 46) regorgeant de fruits et légumes brillants, de poissons luisants, de viandes fumées suspendues, de pyramides de fromages odorants, de tonneaux remplis d'olives et de poivrons marinés, ou de truffes au chocolat et autres sucreries. De-ci, de-là, d'excellents bars à tapas sustentent les chalands.

Museu de l'Eròtica

Barcelone s'enorgueillit de son statut de haut lieu du plaisir : le **musée de l'Érotisme** (☎93 318 98 65 ; www.erotica-museum.com ; La Rambla 96 ; tarif plein/réduit 9/8 € ; ⏲10h-0h ; Ⓜ Liceu) réunit une collection privée consacrée au sexe à travers les âges, entre art, sensualité et mauvais goût. On y recense de superbes illustrations du Kama Sutra, de vieux films porno, des accessoires SM et un pénis en bois de 2 m.

Mosaïque de Miró

Un peu plus loin se trouve une mosaïque souvent oubliée de Joan Miró. Avec ses motifs simples et ses teintes vives bleu, rouge et jaune, cette œuvre circulaire incrustée dans le sol est très caractéristique du style Miró. C'est lui-même qui a choisi l'emplacement de sa mosaïque, près du Passatge del Crèdit, où il naquit.

Gran Teatre del Liceu

Bâti en 1847, incendié en 1994 et ressuscité cinq ans plus tard, le grand

Opéra de Barcelone (☎93 485 99 00 ; www.liceubarcelona.cat ; La Rambla 51-59 ; visite guidée 50/25 min 16/6 € ; ⏲visite guidée longue 9h30 et 10h30, courte horaires variables ; Ⓜ Liceu) a lancé la carrière de José Carreras et Montserrat Caballé. L'escalier en marbre, le Saló dels Miralls (salle des miroirs) et la fosse d'orchestre du XIXe siècle sont d'origine.

MAREMAGNUM/GETTY IMAGES ©

Marché de la Boqueria

Plaça Reial

C'est par l'une des plus jolies places de Barcelone, la Plaça Reial, que la plupart des visiteurs quittent la Rambla et entrent dans le quartier gothique qui la borde sur toute sa longueur. On s'attarde sur cette place, haut lieu de la vie nocturne et point de rencontre populaire abritant les premières réalisations modestes de Gaudí.

Centre d'Art Santa Mònica

Plus au sud, la Rambla est moins bien fréquentée. Elle s'élargit et doit son nom de Rambla de Santa Mònica au Convent de Santa Mònica, un monastère converti en galerie d'art et centre culturel, le **centre d'Art Santa Mònica** (☎93 567 11 10 ; artssantamonica.gencat.cat ; La Rambla 7 ; entrée libre ; ⏲11h-21h mar-sam, 11h-17h dim ; Ⓜ Drassanes).

Museu de Cera

Dans une ruelle à l'est de la Rambla, le **musée de Cire** de Barcelone (☎93 317 26 49 ; www.museocerabcn.com ; Passatge de la Banca 7 ; tarif plein/réduit/- de 4 ans 15/9 €/gratuit ; ⏲10h -22h tlj été, 10h-13h30 et 16h-19h30 lun-ven, 11h-14h et 16h30-20h30 sam-dim hiver ; Ⓜ Drassanes) présente plus de 300 personnages de cire au visage familier. On y découvre de tout, des instruments de torture médiévaux aux statues du prince Charles et de Camilla.

Mirador de Colom

Des siècles après la découverte de l'Amérique, le **Mirador de Colom** (☎93 302 52 24 ; www.barcelonaturisme.com ; Plaça del Portal de la Pau ; tarif plein/réduit 6/4 € ; ⏲8h30-20h30 été, 8h30-19h30 hiver ; Ⓜ Drassanes), un monument de 60 m érigé pour l'Exposition universelle de 1888, rend hommage à Christophe Colomb (Colón en castillan, Colom en catalan). Un ascenseur conduit au sommet pour admirer la Rambla.

Les incontournables
La cathédrale

Principal lieu de culte catholique, la splendide cathédrale de Barcelone fut édifiée entre 1298 et 1460. Sa riche façade ajoutée en 1870, dentelle de pierre évoquant le gothique de l'Europe du Nord, la distingue des autres églises de la ville.

Plan p. 32, C3

www.catedralbcn.org

Plaça de la Seu

Entrée libre, "entrée sur don" 7 €, chœur 3 €, toit 3 €

8h-12h45 et 17h15-19h30 lun-ven, jusqu'à 20h sam, "entrée sur don" 13h-17h lun-sam, 14h-17h dim

M Jaume I

Intérieur de la cathédrale

À ne pas manquer

Intérieur
La cathédrale ayant été l'une des rares églises de la ville épargnée par les anarchistes durant la guerre civile, elle a conservé intact son décor intérieur sans ostentation. De gracieux piliers élancés séparent la haute nef centrale des bas-côtés.

Stalles
Les stalles délicatement ciselées du chœur, au milieu du vaisseau central, datent de la fin du XIVe siècle. Elles portent les armoiries de membres barcelonais de l'Ordre de la Toison d'or.

Crypte
Sous l'autel principal, la crypte renferme la tombe de Santa Eulàlia, l'une des patronnes de Barcelone, martyrisée par les païens romains. Certaines des scènes de terrible torture qu'elle endura sont représentées sur la tombe.

Toit
Les toits et la tour, desservis par l'ascenseur (3 €) de la chapelle des Âmes du Purgatoire (Capella de les Animes del Purgatori), près du transept nord-est, offrent une vue plongeante sur la Barcelone médiévale.

Cloître
Du transept sud-ouest, on accède au cloître (*claustre*) verdoyant, avec ses fontaines et ses treize oies. Présentes depuis le Moyen Âge, ces oies symbolisent l'âge de sainte Eulalie lors de son martyre. L'une des chapelles commémore 930 prêtres, moines et nonnes, victimes de la guerre civile espagnole.

À savoir

- Cela vaut la peine d'opter pour la visite payante afin d'éviter la foule et d'apprécier plus tranquillement la splendeur de l'édifice.
- Des spectacles de sardane (danse catalane) ont lieu le samedi à 18h et le dimanche à 11h sur la place devant la cathédrale.

Une petite faim ?

Xurreria (plan p. 32, C4 ; ☎ 93 318 76 91 ; Carrer dels Banys Nous 8 ; cornet 1,20 € ; 7h30-13h30 et 15h30-20h15 ; M Jaume I) vend des *churros* (beignets) reconstituants.

À quelques minutes de marche, **Els Quatre Gats** (plan p. 32, B1 ; ☎ 93 302 41 40 ; www.4gats.com ; Carrer de Montsió 3 ; plats 21-29 € ; 12h30-16h30 et 18h30-1h ; wifi ; M Urquinaona) permet de se restaurer dans un beau cadre architectural.

100% barcelonais
Un dimanche dans le Barri Gòtic

Le Barri Gòtic peut parfois sembler envahi par les touristes, mais le dimanche, les habitants réinvestissent leur quartier, installant leurs petits marchés sur les places et fréquentant des lieux que peu d'étrangers connaissent. Le dimanche est aussi le seul jour où l'hôtel de ville – véritable emblème catalan – ouvre ses portes.

1 Démarrage spirituel

La messe dominicale reste importante dans la vie du quartier. L'**Església de Sants Just i Pastor** (☎93 301 74 33 ; www.basilicasantjust.cat ; Plaça de Sant Just ; ⏲11h-14h et 17h-21h lun-sam, 10h-13h dim ; Ⓜ Liceu ou Jaume I) du XIVe siècle est donc l'endroit idéal pour commencer. C'est dans cette église gothique que, le 11 septembre 1924, Gaudí fut arrêté pour avoir refusé de parler espagnol à un policier. Un endroit spécial pour les Catalans.

❷ Pouvoir catalan

Sur la Plaça de Sant Jaume, le **Palau de la Generalitat** (www.president.cat ; 2e et 4e week-end du mois sauf août ; M Jaume I), siège du gouvernement catalan, occupe un édifice formé de plusieurs demeures gothiques. Le Saló de Sant Jordi (salle de saint Georges) reflète l'intérieur somptueux. Les visites se réservent en ligne.

❸ Visite de l'hôtel de ville

L'**Ajuntament** (Casa de la Ciutat ; 93 402 70 00 ; www.barcelonaturisme.com ; Plaça de Sant Jaume ; entrée libre ; 10h30-13h30 dim ; M Jaume I) de Barcelone est le siège de la municipalité depuis le XIVe siècle. La façade latérale de style gothique catalan cache un bel intérieur doté d'un escalier majestueux et le Saló de Cent (salle des Cent), superbement restauré.

❹ Sardane

C'est une expérience mémorable que d'assister à un spectacle de *sardana*, la danse catalane par excellence, partie intégrante également de l'identité régionale. Vous aurez peut-être la chance d'en voir sur la Plaça Nova, près de la cathédrale, où ils ont souvent lieu le dimanche à 11h (ou à 18h le samedi).

❺ Pièces et timbres

Alors que tout Barcelone se remet de ses excès de la nuit précédente, les fervents collectionneurs se rendent au **marché aux pièces et aux timbres** (Mercat de Numismàtica i Filatèlia ; Plaça Reial ; 9h-14h30 dim ; M Liceu). Comme dans tout marché aux puces, c'est toujours un plaisir d'aller à la recherche d'un trésor, et ce n'est pas réservé aux seuls numismates et philatélistes, car on trouve aussi ici toutes sortes d'objets, anciens ou non.

❻ Marché d'art et d'artisanat

Un **marché** (Mostra d'Art ; Plaça de Sant Josep Oriol ; 11h-20h30 sam, 10h-15h dim ; M Liceu) animé réunissant une douzaine d'artistes et d'artisans locaux se tient sur la Plaça de Sant Josep Oriol, l'une des plus jolies petites places du Barri Gòtic, baptisée du nom d'un prêtre qui officia dans l'église voisine au XVIIe siècle et fut canonisé en 1909.

❼ Déjeuner dominical

Fondé en 1786, **Can Culleretes** (93 317 30 22 ; www.culleretes.com ; Carrer Quintana 5 ; plats 10-17 € ; 13h30-16h et 21h-23h mar-sam, 13h30-16h dim ; M Liceu) a toujours autant de succès grâce à son intérieur plein de coins et recoins, son décor carrelé à l'ancienne, et sa génereuse cuisine traditionnelle catalane.

❽ Chocolate con churros

L'après-midi, les Barcelonais aiment aller à la **Granja La Pallaresa** (93 302 20 36 ; Carrer de Petritxol 11 ; 9h-13h tlj et 16h-21h lun, sam et dim ; M Liceu) pour déguster un chocolat chaud épais et onctueux dans lequel ils trempent des *churros* (*xurros* en catalan) croustillants.

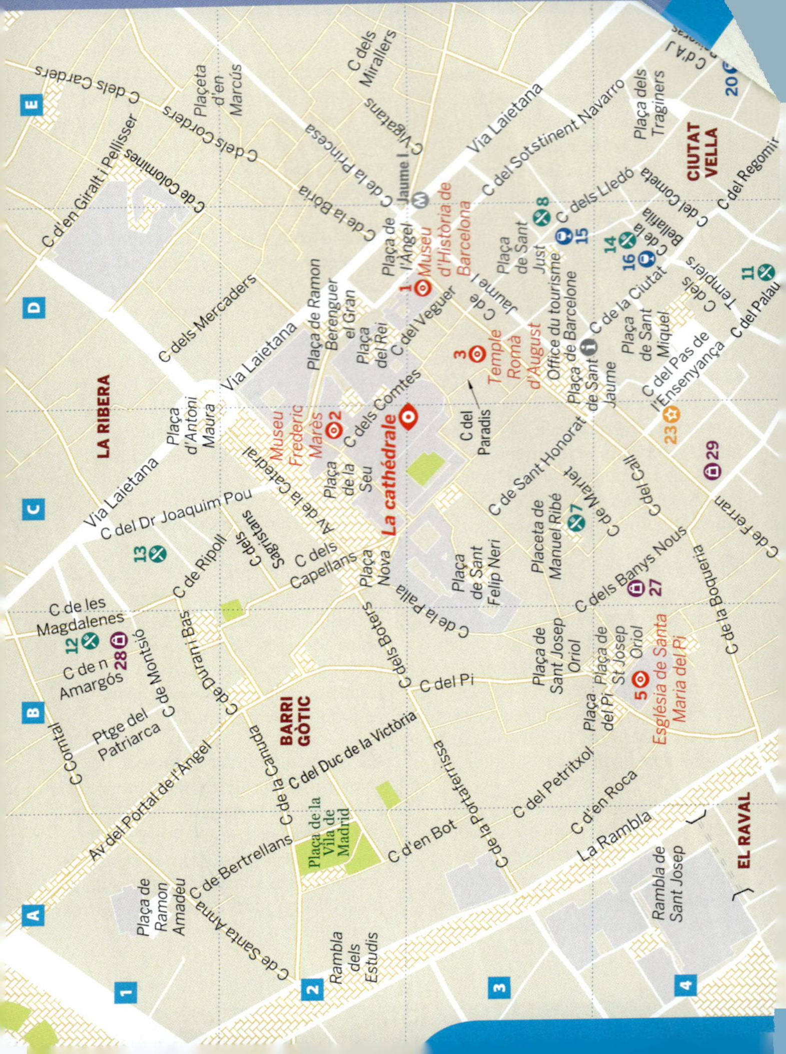
LA RIBERA
BARRI GÒTIC
CIUTAT VELLA
EL RAVAL
La cathédrale
1 Museu d'Història de Barcelona
2 Museu Frederic Marès
3 Temple Romà d'August
5 Església de Santa Maria del Pi
Office du tourisme de Barcelone
Via Laietana
C del Dr Joaquim Pou
C de Ripoll
C de les Magdalenes
C de n Amargós
C de Montsió
Ptge del Patriarca
C Comtal
C de Duran i Bas
Av del Portal de l'Àngel
C de la Canuda
C de Bertrellans
C de Santa Anna
Plaça de Ramon Amadeu
Plaça de la Vila de Madrid
Rambla dels Estudis
C del Duc de la Victòria
C d'en Bot
C de la Portaferrissa
C del Petritxol
C d'en Roca
La Rambla
Rambla de Sant Josep
C dels Boters
C del Pi
Plaça del Pi
Plaça de St Josep Oriol
Plaça de Sant Josep Oriol
C de la Boqueria
C dels Banys Nous
C de Ferran
C del Call
C de Marlet
Placeta de Manuel Ribé
C de Sant Honorat
Plaça de Sant Felip Neri
C de la Palla
Plaça Nova
C dels Capellans
C dels Sagristans
Av de la Catedral
Plaça de la Seu
C dels Comtes
C del Paradís
Plaça de Sant Jaume
C del Pas de l'Ensenyança
Plaça de Sant Miquel
C de la Ciutat
C dels Templers
C del Palau
C de Jaume I
C del Veguer
Plaça del Rei
Plaça de Ramon Berenguer el Gran
Plaça d'Antoni Maura
C dels Mercaders
C d'en Giralt i Pellisser
C de Colomines
C dels Carders
C dels Corders
Plaçeta d'en Marcús
C dels Miralles
C de la Princesa
C de la Bòria
C Vigatans
Plaça de l'Àngel
Jaume I
C del Sotstinent Navarro
Plaça de Sant Just
C dels Lledó
C de la Cometa
C de la Bellafila
Plaça dels Traginers
C del Regomir
C d'A.J.
20
8
15
14
16
11
23
29
27
7
13
12
28
A
B
C
D
E
1
2
3
4

Terrasses sur la Plaça Reial

contraste avec les luxueuses chapelles et les superbes vitraux qui baignent l'intérieur d'une faible lumière. La belle rosace surmontant le portail est l'une des plus grandes au monde. Concerts de guitare classique, de musique de chambre ou chorales de temps à autre. (☎93 318 47 43 ; www.basilicadelpi.com ; Plaça del Pi ; tarif plein/réduit/-6 ans 4/3 €/gratuit ; ⏲10h-18h ; Ⓜ Liceu)

Se restaurer

La Plata

TAPAS €

6 Plan p. 32, E5

Cachée dans une ruelle étroite près du front de mer, cette humble bodega très appréciée ne sert que trois plats : *pescado frito* (friture de poisson), *butifarra* (saucisse) et salade de tomates. Ajoutez des vins corrects bon marché (1,10 € le verre), et vous obtiendrez une bonne adresse pour grignoter des tapas avant de dîner. (☎93 315 10 09 ; www.barlaplata.com ; Carrer de la Mercè 28 ; tapas 2,50-5 € ; ⏲9h-15h30 et 18h30-23h30 lun-sam ; Ⓜ Jaume I)

La Vinateria del Call

ESPAGNOL €€

7 Plan p. 32, C3

Jouissant d'un cadre merveilleux dans l'ancien quartier juif, ce petit bijou (que de récents travaux ont doté d'une deuxième salle) propose une délicieuse cuisine ibérique. Au menu, poulpe à la galicienne, chorizo au cidre et la fameuse *escalivada* (aubergine, oignons

À savoir

Remparts romains

Les premiers grands architectes de Barcelone furent les Romains, qui fondèrent la ville au Ier siècle avant J.-C. D'importants vestiges des fortifications des IIIe et IVe siècles sont encore visibles dans le Barri Gòtic, notamment sur la Plaça de Ramon Berenguer el Gran (plan p. 32, D2) et près de l'extrémité nord de la Carrer del Sotstinent Navarro.

et poivrons rôtis) catalane aux anchois. Les portions, petites, sont faites pour être partagées. Bon choix de vins à des prix abordables. (☎93 302 60 92 ; www.lavinateriadelcall.com ; Carrer de Sant Domènec del Call 9 ; petites assiettes 7-12 € ; 19h30-1h ; M Jaume I)

Cafè de l'Acadèmia CATALAN €€

8 Plan p. 32, D3

Attendez-vous ici à une carte de spécialités catalanes traditionnelles, ponctuée de recettes plus créatives. Les employés de l'hôtel de ville qui se pressent à l'heure du déjeuner optent pour le *menú del día* (menu du jour ; 14,30 €). Le soir, l'atmosphère se fait plus romantique, la lumière tamisée soulignant les poutres et les pierres apparentes de la salle. Par beau temps, on peut s'attabler sur la charmante place devant. (☎93 319 82 53 ; Carrer dels Lledó 1 ; plats 14-18 € ; 13h-15h30 et 20h-23h lun-ven ; wi-fi ; M Jaume I)

Federal CAFÉ €€

9 Plan p. 32, D6

Ne vous laissez pas intimider par la déco chic industrielle, les clients penchés sur leur MacBook et les piles de magazines de design. Fort accueillante en réalité, cette chaîne propose une cuisine saine et copieuse d'un bon rapport qualité/prix. Faites suivre par exemple une salade garnie (œufs pochés, blancs de poulet…) ou un curry d'une tranche moelleuse de gâteau aux carottes. (☎93 280 81 71 ; www.federalcafe.es ; Passatge de la Pau 11 ; plats 9-12 € ; 9h-0h lun-jeu, 9h-1h ven-sam, 9h-17h30 dim ; wi-fi ; M Drassanes)

Belmonte TAPAS €€

10 Plan p. 32, E5

Un minuscule bar à tapas du sud du Barri Gòtic où se régaler d'une excellente *truita* (tortilla), de savoureuses *patatons a la sal* (pommes de terre nouvelles au sel avec sauce romesco) ou d'un délicat *carpaccio de pop* (carpaccio de poulpe). À accompagner d'un vermouth maison. (☎93 310 76 84 ; Carrer de la Mercè 29 ; tapas 4-10 €, plats 12 € ; 20h-0h mar-sam et 13h-15h30 sam ; wi-fi ; M Jaume I)

Rasoterra VÉGÉTARIEN €€

11 Plan p. 32, D4

Cet excellent restaurant installé depuis peu dans le Barri Gòtic propose une cuisine végétarienne de haut vol dans un cadre zen alliant hauts plafonds, musique jazzy et décoration florale.

Comprendre

L'expansion de la ville

Les Romains furent, au Ier siècle avant J.-C., les premiers à s'installer durablement sur la plaine où s'étend à présent Barcelone. Le cœur de leur cité, connue sous le nom de Barcino, était installé derrière les remparts qui délimitaient approximativement le Barri Gòtic actuel. C'était une ville romaine plus ou moins rectangulaire. Le forum occupait à peu près l'emplacement de la Plaça de Sant Jaume et la ville entière couvrait un peu plus de 10 ha.

Au cours des siècles suivants, les colonies progressèrent au-delà des murs de la cité. Dès les XIIIe et XIVe siècles, Barcelone fut la capitale d'un empire méditerranéen en expansion dont la population augmentait rapidement. Ses fortifications furent repoussées pour inclure les quartiers actuels d'El Raval et de la Ribera ; l'intégration de la Rambla (dont le nom vient du sable, *raml* en arabe, d'un cours d'eau temporaire) à la cité date du XIVe siècle.

Au XIXe siècle, Barcelone fut de nouveau surpeuplée. Dans les années 1820, on planta des arbres sur la route reliant Barcelone au village de Gràcia, donnant naissance au Passeig de Gràcia, bordé de jardins et de champs. Les remparts médiévaux furent abattus en 1856, et en 1869, la construction de l'Eixample (l'Extension ou l'Agrandissement) débuta dans la campagne qui séparait Barcelone et Gràcia.

Conçu par Ildefons Cerdà, l'Eixample prit la forme d'un damier aux intersections en forme de losange, parsemé de jardins et de parcs, qui se greffa au nord de la vieille ville, commençant à l'actuelle Plaça de Catalunya.

Le projet était révolutionnaire ; jusqu'alors, la construction sur ces plaines situées dans une zone militaire était illégale. Les travaux continuèrent jusqu'au XXe siècle. Les familles aisées acquirent de superbes terrains et construisirent des fantaisies dans le style éclectique des modernistes. Les restrictions abandonnées, Barcelone grandit de manière exponentielle, engloutissant des communes telles que Gràcia, Sant Martí, Sants et Sant Andreu.

À savoir

Formule midi

Le midi en semaine, le *menú del día* est idéal pour limiter les dépenses. Pour une somme de 10 € à 15 € environ, vous pourrez choisir parmi cinq ou six entrées, autant de plats et quelques desserts.

La carte originale aux influences internationales est régulièrement renouvelée. À titre d'exemples : crêpes vietnamiennes au lait coco, tofu et petits légumes, lentilles beluga au riz basmati, ou encore *quesadillas* à la poire et au chèvre. Bons plats végétaliens et sans gluten. (93 318 69 26 ; www.rasoterra.cat ; Carrer del Palau 5 ; plats 13 € ; 13h-16h et 19h-23h mar-dim ; ; M Jaume I)

Onofre

ESPAGNOL €€

12 Plan p. 32, B1

Réputé pour ses bons vins abordables, ce petit restaurant moderne fait aussi caviste et traiteur. Ses menus déjeuner (entrée-plat-dessert 10,75 €, ou 14,75 € sam) intéressants et ses tapas succulentes – légumes italiens aux copeaux de foie gras, confit de canard, carpaccio de cabillaud et crevettes au four – lui valent une fidèle clientèle locale. (93 317 69 37 ; www.onofre.net ; Carrer de les Magdalenes 19 ; plats 9-14 € ; 10h-16h et 19h30-0h lun-sam ; ; M Jaume I)

Koy Shunka

JAPONAIS €€€

13 Plan p. 32, C1

Au bout d'une ruelle au nord de la cathédrale, le Koy Shunka met à l'honneur les saveurs du pays du Soleil levant : d'alléchants sushis, sashimis, bœuf Wagyu saisi et salades d'algues côtoient une cuisine fusion inventive comprenant palourdes vapeur au saké, ou encore tempura de pétoncles et gambas aux champignons japonais. La spécialité est le *toro* (thon gras tendre), à tester absolument. (93 412 79 39 ; www.koyshunka.com ; Carrer de Copons 7 ; menus dégustation 82-128 € ; 13h30-15h et 20h30-22h30 mar-sam ; M Urquinaona)

Pla

FUSION €€€

14 Plan p. 32, D4

Une institution du Barri Gòtic. Dans une élégante salle médiévale à l'éclairage intimiste, on déguste des délices comme la queue de bœuf braisée au vin rouge, le thon saisi aux poivrons rôtis, et la polenta aux champignons de saison. Menu dégustation à 52 €, servi du dimanche au jeudi. (93 412 65 52 ; www.restaurantpla.cat ; Carrer de la Bellafila 5 ; plats 17-23 € ; 19h-23h30 dim-jeu, 19h-0h ven-sam ; M Jaume I)

Prendre un verre

Ginger

BAR À COCKTAILS

15 Plan p. 32, D3

Niché en retrait de la paisible Plaça de Sant Just, ce bar sur plusieurs niveaux

RAFAEL ELIAS/GETTY IMAGES ©

Cocktails du soir

affiche un style Art déco. L'éclairage étudié et la bonne musique d'ambiance (DJ certains soirs) créent un cadre agréable pour siroter des cocktails préparés dans les règles de l'art ou déguster des tapas gastronomiques accompagnées de vin. (☎93 310 53 09 ; www.ginger.cat ; Carrer de Palma de Sant Just 1 ; ⌚19h30-2h30 mar-jeu, 19h30-3h ven-sam ; Ⓜ Jaume I)

L'Ascensor

BAR

16 Plan p. 32, D4

Le nom de ce lieu élégant (plafond en brique voûté, miroirs rétro et comptoir en marbre) vient de l'ascenseur qui lui sert de porte d'entrée. Il attire une foule d'habitués qui apprécient les cocktails à l'ancienne et les conversations animées sur fond de jazz et de funk au rythme enlevé. (☎93 318 53 47 ; Carrer de la Bellafila 3 ; ⌚18h-2h30 dim-jeu, 18h-3h ven-sam ; 📶 ; Ⓜ Jaume I)

Ocaña

BAR

17 Plan p. 32, C6

Ocaña était un artiste flamboyant qui vécut sur la Plaça Reial. La salle est aménagée avec beaucoup de goût : lustres et beau mobilier. Installez-vous en terrasse face au défilé des passants, ou descendez au bar Apotheke d'inspiration mauresque ou encore dans l'élégant salon où des DJ mixent les soirs de week-end pour une clientèle à la fois chic et bohème. (☎93 676 48 14 ;

100% barcelonais

Les cafés du Barri Gòtic

Les vieilles ruelles pavées du Barri Gòtic abritent des cafés parmi les plus séduisants de la ville. **Le Salterio** (plan p. 32, C4 ; Carrer de Sant Domènec del Call 4 ; 11h-0h lun-jeu, 11h-1h ven-sam ; ; Jaume I) sert des thés et du *sardo* (sorte de pizza fine grillée) dans une salle en pierre sur fond de musique orientale. Non loin, le **Čaj Chai** (plan p. 32, C4 ; 93 301 95 92 ; www.cajchai.com ; Carrer de Sant Domènec del Call 12 ; 10h30-22h jeu-dim ; Jaume I) est un salon de thé lumineux et animé à la carte bien fournie. Réputé pour ses desserts divins, **Caelum** (plan p. 32, B3 ; 93 302 69 93 ; www.caelumbarcelona.com ; Carrer de la Palla 8 ; 10h30-20h30 lun-jeu, 10h30-22h ven-sam, 10h30-21h dim ; Liceu) possède un café raffiné à l'étage et une salle médiévale en sous-sol éclairée à la bougie.

www.ocana.cat ; Plaça Reial 13 ; 12h-2h30 lun-ven, 11h-2h30 sam-dim été, 18h-2h30 lun-ven, 17h-2h30 sam-dim hiver ; Liceu)

Sor Rita

BAR

18 Plan p. 32, E5

Ce temple du kitsch est un véritable plaisir pour les yeux : papier peint léopard, chaussures à talons accrochées au plafond et décoration délicieusement irrévérencieuse inspirée des films de Pedro Almodóvar. Un endroit amusant et festif qui organise des soirées spéciales : lecture de cartes de tarot le lundi, buffet à volonté (5 €) le mardi, karaoké ou cabaret le mercredi et soirée gin le jeudi. (93 176 62 66 ; www.sorritabar.es ; Carrer de la Mercè 27 ; 19h-3h dim-jeu, 19h-3h30 ven-sam ; ; Jaume I)

Polaroid

BAR

19 Plan p. 32, D6

Cassettes VHS aux murs, vieilles affiches de film, tables couvertes de BD, figurines en plastique et autres détails kitsch : l'endroit comblera les nostalgiques des années 1980. Une clientèle sans chichis s'y retrouve autour de *cañas* (bière à la pression) pas chères, de mojitos et de pop-corn offert par la maison. (93 186 66 69 ; www.polaroidbar.es ; Carrer dels Còdols 29 ; 19h30-2h30 dim-jeu, 19h30-3h ven-sam ; Drassanes)

La Cerveteca

BAR

20 Plan p. 32, E4

La halte obligée des amateurs de mousse décline un choix impressionnant de bières artisanales du monde entier, en bouteille et à la pression. Il y a aussi des assiettes de fromage et de charcuterie (*jamón ibérico*, *cecina*...) pour les petits creux. (www.lacerveteca.com ; Carrer d'en Gignàs 25 ; 18h-0h mar-ven, 12h-15h30 et 18h-0h sam, 12h-15h30 dim ; Jaume I)

IAKOV FILIMONOV/SHUTTERSTOCK ©

Gran Teatre del Liceu

Marula Cafè

BAR

21 Plan p. 32, D5

Belle trouvaille en plein cœur du Barri Gòtic, le Maraula Cafè vous replongera dans les années 1970 avec son excellent son funk et soul. Les fans de James Brown se croiront au paradis. Loin de ne proposer qu'une seule thématique, l'endroit accueille également des DJ mixant aussi bien du *breakbeat* que de la musique house. Il arrive parfois aussi d'entendre des concerts de samba et d'autres rythmes brésiliens. (93 318 76 90 ; www.marulacafe.com ; Carrer dels Escudellers 49 ; 23h-6h mer-dim ; M Liceu)

Sortir

Gran Teatre del Liceu

THÉÂTRE, CONCERTS

22 Plan p. 32, B5

L'Opéra de Barcelone occupe un bâtiment ancien restauré en 1994 à la suite d'un incendie. C'est l'une des salles les plus perfectionnées du monde. L'auditorium, qui a retrouvé sa splendeur du XIXe siècle tout en bénéficiant des avancées les plus récentes en matière d'acoustique, transporte le spectateur dans le passé. (93 485 99 00 ; www.liceubarcelona.com ; La Rambla 51-59 ; billetterie 9h30-20h lun-ven, 9h30-18h sam-dim ; M Liceu)

El Paraigua
MUSIQUE LIVE

23 Plan p. 32, C4

Mouchoir de poche sombre et cosy, le "Parapluie" existe depuis les années 1960. Son décor moderniste du début du XXe siècle provient d'une boutique démolie quelque part dans le quartier. (93 302 11 31 ; www.elparaigua.com ; Carrer del Pas de l'Ensenyança 2 ; 12h-0h dim-mer, 12h-2h jeu, 12h-3h ven-sam ; M Liceu)

Jamboree
MUSIQUE LIVE

24 Plan p. 32, C6

Depuis plus d'un demi-siècle, le Jamboree comble les mélomanes de Barcelone avec des concerts de haut vol : trios de jazz, blues, afrobeat, musiques latines et big bands. Il y a en général 2 concerts par soir (à 20h et 22h). À minuit, l'endroit se transforme en club avec DJ. "WTF jam sessions" le lundi (entrée 5 €). (93 319 17 89 ; www.masimas.com/jamboree ; Plaça Reial 17 ; entrée 12-20 € ; 20h-6h ; M Liceu)

Harlem Jazz Club
JAZZ

25 Plan p. 32, D5

Dans la vieille ville, ce club tout en longueur est l'une des meilleures adresses de Barcelone pour écouter jazz, funk, musiques latines, blues et jazz manouche. La clientèle variée respecte un silence religieux pendant les concerts, qui commencent généralement vers 22h. Arrivez tôt pour avoir une place près de la scène. (93 310 07 55 ; www.harlemjazzclub.es ; Carrer de la Comtessa de Sobradiel 8 ; entrée 6-10 € ; 22h30-3h dim et mar-jeu, 22h30-5h ven-sam ; M Liceu)

Shopping

Herboristeria del Rei
BEAUTÉ

26 Plan p. 32, C5

Cette herboristerie ouverte depuis 1818, qui eut jadis pour cliente la reine Isabelle II d'Espagne, a conservé son décor des années 1860. Outre toutes sortes de plantes médicinales étranges et merveilleuses, on y trouve des savons parfumés, des huiles de massage et autres produits plus actuels. (93 318 05 12 ; www.herboristeriadelrei.com ; Carrer del Vidre 1 ; 14h-20h30 lun, 10h-20h30 mar-sam ; M Liceu)

Artesania Catalunya
ARTISANAT

27 Plan p. 32, C4

Les produits catalans sont à l'honneur dans cette belle boutique idéale pour dénicher des cadeaux originaux : bijoux inspirés de l'iconographie romaine (ainsi que faisant référence à Gaudí et à l'époque gothique barcelonaise), mais aussi poteries, jouets en bois, foulards en soie, carnets, articles pour la maison, etc. (93 342 75 20 ; www.bcncrafts.com ; Carrer dels Banys Nous 11 ; 10h-20h lun-sam, 10h-14h dim ; M Liceu)

La Rambla (p. 24)

Taller de Marionetas Travi

MARIONNETTES

28 Plan p. 32, B1

Cette boutique pittoresque, ouverte dans les années 1970, propose de jolies marionnettes artisanales. Les figures emblématiques du folklore espagnol, tels Don Quichotte et Sancho Pança, figurent en bonne place, mais il y aussi de rares *pupi* siciliens et des pièces provenant de Birmanie, d'Indonésie et d'ailleurs. (93 412 66 92 ; www.marionetastravi.com ; Carrer de n'Amargós 4 ; 12h-20h lun-sam ; M Urquinaona)

La Manual Alpargatera

CHAUSSURES

29 Plan p. 32, C4

Des clients tels que Salvador Dalí ou Jean-Paul Gaultier ont acheté une paire d'espadrilles dans ce célèbre magasin. Si l'enseigne fut fondée juste après la guerre civile espagnole, les origines de la chaussure en corde et en toile, venue des Pyrénées catalanes, remontent bien avant. (93 301 01 72 ; www.lamanualalpargatera.es ; Carrer d'Avinyó 7 ; 9h30-13h30 lun-ven et 16h30-20h lun-sam ; M Liceu)

Explorer

El Raval

Si El Raval fut longtemps l'un des quartiers les plus tumultueux de Barcelone, c'est aujourd'hui un endroit à la fois grunge et tendance. On y vient pour son marché, ses deux remarquables centres d'art contemporain et ses rues animées bordées de boutiques, restaurants et cafés pittoresques. Mais c'est la nuit que le quartier révèle son vrai visage, avec ses clubs et bars à l'ancienne, excentriques ou branchés.

L'essentiel en un jour

Le **Mercat de la Boqueria** (p. 46) est l'un des plus anciens marchés de Barcelone. Visitez-le le matin, lorsqu'il est en pleine effervescence. Délaissez ensuite les cris des poissonniers pour vous diriger vers le **MACBA** (p. 51) et apprécier la crème de l'art contemporain.

Après un déjeuner composé des meilleurs produits régionaux à la très animée **Mam i Teca** (p. 52), profitez d'une ou deux expositions au **Centre de Cultura Contemporània de Barcelona** (p. 51). En allant vers le sud, passez par la **Granja M Viader** (p. 49) pour y déguster un *cacaolat*, et au **Palau Güell** (p. 51), pièce maîtresse de Gaudí dans la vieille ville, puis continuez jusqu'à l'**Església de Sant Pau del Camp** (p. 52), l'une des églises les plus paisibles de Barcelone.

Débutez la soirée par un concert au **Jazz Sí Club** (p. 49) suivi d'un dîner au célèbre **Suculent** (p. 53). Plongez ensuite dans la vie nocturne du quartier grâce à des bars vintage comme le **Bar Marsella** (ci-contre ; p. 49) ou la **Confitería** (p. 53).

Pour une découverte 100% barcelonaise d'El Raval, voir p. 48.

Les incontournables

Le Mercat de la Boqueria (p. 46)

100% barcelonais

À la découverte d'El Raval (p. 48)

Le meilleur du quartier

Art contemporain et architecture

MACBA (p. 51)

Centre de Cultura Contemporània de Barcelona (p. 51)

Palau Güell (p. 51)

Cuisine catalane

Suculent (p. 53)

Mam i Teca (p. 52)

Mercat de la Boqueria (p. 46)

Elisabets (p. 49)

Comment y aller

Ⓜ **Métro** C'est le meilleur moyen pour s'y rendre. Les stations Catalunya (lignes 1, 3, 6 et 7) et Universitat (lignes 1 et 2) sont situées à l'extrémité nord du quartier, tandis que Liceu (ligne 3) est au milieu, sur la Rambla à l'est.

Ⓜ **Métro** Pour visiter le sud d'El Raval, préférez Drassanes (ligne 3), Paral·lel (lignes 2 et 3) et Sant Antoni (ligne 2).

Les incontournables
Le Mercat de la Boqueria

C'est au marché central que l'on fait la plus agréable expérience sensorielle de Barcelone. Achevé en 1914, avec son design aux influences modernistes, c'est l'un des rares bâtiments barcelonais où l'architecture est éclipsée par ce qui l'occupe : les produits frais d'Espagne, le point de départ évocateur d'un repas mémorable. Il y règne une effervescence unique en ville : on s'égare et on s'émerveille devant la variété de l'offre avant de prendre place sur un tabouret et d'observer.

Plan p. 50, C3

93 412 13 15

www.boqueria.info

La Rambla 91

8h-20h30 lun-sam

M Liceu

À ne pas manquer

Marché aux poissons

Par-delà les étals qui ciblent le touriste au-devant de la scène, la halle aux poissons, au centre du marché, est la gardienne des traditions. Couteaux et crevettes roses, saumon, loup et espadon, tous sont aussi frais que lorsqu'ils pendaient au bout de l'hameçon. C'est ici que commence l'histoire d'amour qui lie Barcelone et les produits de la mer.

Juanito au Bar Pinotxo

Selon un critique gastronomique réputé de Barcelone, Juanito est "la véritable âme du marché". Chef barman au **Bar Pinotxo** (www.pinotxobar.com ; plats 8-17 € ; 6h-16h lun-sam ; M Liceu) depuis plus de quarante ans, rayonnant en gilet et nœud papillon, il ne manque pas d'être chaleureux dans toutes les langues, de saluer les passants et d'annoncer les plats du jour de manière théâtrale.

Joan La Llar del Pernil

Le stand familial **Joan La Llar del Pernil** (93 317 95 29 ; étals 667, 669, 670 et 671 ; 8h-15h lun-jeu, 8h-20h ven et sam ; M Liceu) est notre coup de cœur parmi les nombreux marchands de *jamón* (jambon sec espagnol ; *pernil* en catalan) du marché. Aux commandes, Joan connaît son affaire : il offre joyeusement aux passants une leçon sur l'art subtil de la charcuterie en faisant déguster de fines tranches de *jamón* découpées par ses soins.

El Quim

Au fond du marché, **El Quim** (93 301 98 10 ; www.elquimdelaboqueria.com ; 7h-16h mar-jeu, 7h-17h ven-sam ; M Liceu) propose une grande variété de plats de prime fraîcheur, mais les œufs donnent des résultats particulièrement fabuleux : tortilla de *patatas* (omelette espagnole) ou œufs sur le plat accompagnés de calamar ou bien de foie gras...

IAKOV FILIMONOV/SHUTTERSTOCK ©

À savoir

- Le marché est fermé le dimanche.
- De nombreux stands, notamment ceux de poisson, ferment le lundi.
- Les vendeurs du marché sont parmi les plus photographiés du monde, demandez-leur la permission avant de prendre une photo et, si possible, achetez-leur quelque chose.
- Préparer un pique-nique avec ses produits préférés provenant des étals du marché donne une tout autre dimension à la découverte des lieux.

Une petite faim ?

Pour un délicieux repas composé de produits frais du marché, prenez place sur un tabouret d'El Quim. Pour vous imprégner de l'agitation aux premières loges, optez pour le Bar Pinotxo.

100% barcelonais
À la découverte d'El Raval

El Raval est un quartier aux multiples contradictions. Ce voyage au cœur de la vie locale vous fera passer des lieux préférés des jeunes actifs branchés aux rues authentiques et quartiers pauvres d'autrefois, fréquentés par les immigrés et les prostituées. En chemin, vous vous arrêterez dans des endroits qui, contrairement au reste du quartier, n'ont pas changé depuis des décennies.

❶ Place du quartier

La Plaça de Vincenç Martorell est l'endroit idéal pour goûter à la vie locale. Les habitants viennent y jouer avec leurs enfants ou prendre un café ou un verre de vin au **Bar Kasparo** (☎93 302 20 72 ; www.kasparo.es ; Plaça de Vicenç Martorell 4 ; ⌚9h-22h30 l'hiver, 9h-0h l'été ; Ⓜ Catalunya). À quelques pas de la Rambla, voici le Barcelone des Barcelonais.

❷ Shopping musical

La Carrer dels Tallers était jadis bordée de magasins de musique. La crise économique étant passée par là, le mythique **Discos Castelló** a ainsi mis la clé sous la porte en 2016. Ne reste que **Revólver Records** (Carrer dels Tallers 1 ; 10h-21h lun-sam ; M Catalunya) avec ses CD et vinyles, neufs ou d'occasion.

❸ Cuisine comme à la maison

El Raval s'embourgeoise rapidement dans sa partie nord, mais des adresses comme **Elisabets** (93 317 58 26 ; Carrer d'Elisabets 2-4 ; plats 8-10 €, menu du jour 10,85 € ; 7h30-23h30 lun-sam, sept-juil ; M Catalunya) résistent. De vieux postes de radio décorent les lieux et la formule du midi change tous les jours. À la carte, optez pour le *ragú de jabalí* (ragoût de sanglier) et un *mel i mató* (dessert catalan au fromage et au miel).

❹ Chocolat chaud maison

La cinquième génération de la famille fondatrice tient la **Granja M Viader** (93 318 34 86 ; www.granjaviader.cat ; Carrer d'en Xuclà 6 ; 9h-13h15 et 17h-21h15 lun-sam ; M Liceu), un charmant café établi depuis 1873. C'est là que fut inventé le *cacaolat*, le lait chocolaté désormais prisé dans toute l'Espagne. Goûtez le chocolat maison à la crème fouettée (*suís*).

❺ Des occasions en or

En quête de mode à petit prix ? Sur un peu plus de 100 m, dans la Carrer de la Riera Baixa, entre la Carrer de l'Hospital et la Carrer del Carme, se succèdent une dizaine de boutiques de vêtements, pour la plupart des friperies.

❻ Musique live

Géré par le Taller de Músics (l'atelier des musiciens), le minuscule **Jazz Sí Club** (93 329 00 20 ; www.tallerdemusics.com ; Carrer de Requesens 2 ; 4-10 € avec une conso ; 20h30-23h mar-sam, 18h30-22h dim ; M Sant Antoni) propose une programmation variée allant des jam-sessions de jazz au flamenco de haut vol (le vendredi soir). Le jeudi, c'est soirée cubaine. Les concerts commencent vers 20h30 ; arrivez bien en avance pour avoir une bonne place.

❼ Promenade pittoresque

Pour vous faire une idée du visage multiculturel du quartier, baladez-vous sous les palmiers de la **Rambla del Raval**. Flanquée de restaurants et de cafés en plein air, cette promenade est la *rambla* la plus récente de Barcelone (1995). Ne manquez pas l'énorme *Gat* (chat) sculpté par le Colombien Fernando Botero, qui sert de point de rendez-vous aux habitants du quartier.

❽ Bar de nuit

Avec sa salle exubérante ornée de lustres divers, de faïences et de miroirs, le **Bar Marsella** (93 442 72 63 ; Carrer de Sant Pau 65 ; 22h-2h30 lun-jeu, 22h-3h ven-sam ; M Liceu) a peu changé depuis sa création en 1820. Comme du temps d'Hemingway, l'absinthe est à l'honneur : elle vous redonnera un coup de fouet en fin de journée – à déguster avec modération.

A
B
C
D
1
2
3
4
5
0 200 m
Universitat de Barcelona
Gran Via de les Corts Catalanes
Ronda de la Universitat
Catalunya
Plaça de Catalunya
Office du tourisme de Barcelone
C de Fontanella
Urquinaona
Via Laietana
C Comtal
LA RIBERA
C de Bergara
C de Pelai
Plaça de la Universitat
Universitat
Catalunya
Rambla de Canaletes
C de Santa Anna
C de Montsió
Plaça d'Antoni Maura
C dels Tallers
19 Centre de Cultura Contemporània de Barcelona
Plaça de Vicenç Martorell
Rambla dels Estudis
C de la Canuda
Plaça de la Vila de Madrid
BARRI GÒTIC
Plaça de la Seu
Plaça Nova
Plaça de Terenci Moix
18
C de Valldonzella
3
C de Montalegre
C del Notariat
13
2
MACBA
C del Pintor Fortuny
5
C de la Portaferrissa
C de la Palla
C del Bisbe
Plaça de Sant Jaume
C del Tigre
C dels Àngels
Plaça dels Àngels
C de Joaquín Costa
12
C del Lleó
10
8
Rambla de Sant Josep
Plaça de Sant Josep Oriol
C del Call
CIUTAT VELLA
Ronda de Sant Antoni
Plaça del Pes de la Palla
17
C de la Lluna
Mercat de la Boqueria
C de la Boqueria
C d'Avinyó
6
15
Liceu
C de Ferran
C de la Riera Alta
C del Carme
La Rambla
Plaça Reial
C de l'Hospital
C de la Junta de Comerç
C de Sant Pau
Plaça del Pedró
EL RAVAL
Rambla dels Caputxins
C dels Escudellers
Sant Antoni
C de la Cera
Rambla del Raval
C de l'Aurora
Plaça de Salvador Seguí
9
C del Marquès de Barberà
1 Palau Güell
Plaça del Teatre
16
14
Rambla de Santa Mònica
Ronda de Sant Pau
SANT ANTONI
C de les Carretes
C de la Riereta
C de la Reina Amàlia
C de l'Est
Plaça de Josep Maria Folch i Torres
Església de Sant Pau del Camp
4
C de les Tàpies
C Nou de la Rambla
C de l'Om
C de l'Arc del Teatre
Av de les Drassanes
Drassanes
Plaça del Portal de la Pau
11
Av del Paral·lel
Paral·lel
Parc de les Tres Xemeneies
Nos adresses
Les incontournables p. 46
Voir p. 51
Se restaurer p. 52
Prendre un verre p. 53
Sortir p. 55
Shopping p. 55

Voir

Palau Güell

PALAIS

1 Plan p. 50, D4

Rouvert en totalité en 2012 après plusieurs années de rénovations, le Palau Güell est un magnifique exemple des débuts de la frénésie architecturale de Gaudí. L'extraordinaire demeure néogothique, qui est l'un des rares grands édifices de cette époque dans la vieille ville, déploie une profusion de styles et de matériaux, et permet de se faire une idée du génie prodigieux de son auteur. (93 472 57 75 ; www.palauguell.cat ; Carrer Nou de la Rambla 3-5 ; tarif plein/réduit/-10 ans 12/9 €/gratuit ; 10h-20h l'été, 10h-17h30 l'hiver mar-dim ; M Drassanes)

MACBA

MUSÉE

2 Plan p. 50, B2

Conçu par l'architecte Richard Meier et inauguré en 1995, le MACBA est devenu le centre d'art contemporain le plus en vue de la ville grâce à des expositions de qualité. Au rez-de-chaussée, la collection permanente est axée sur l'art espagnol et catalan à partir de la seconde moitié du XXe siècle, avec notamment des œuvres d'Antoni Tàpies, de Joan Brossa et de Miquel Barceló. Des artistes étrangers tels Paul Klee, Bruce Nauman et John Cage sont aussi représentés. (93 481 33 68 ; www.macba.cat ; Plaça dels Àngels 1 ; tarif plein/réduit/-14 ans 10/8 €/gratuit ; 11h-20h lun et mer-ven, 10h-20h sam, 10h-15h dim et jours fériés ; M Universitat)

100% barcelonais

Parenthèse médiévale

Gaudí s'est éteint à l'**Antic Hospital de la Santa Creu** (ancien hôpital de la Sainte-Croix ; plan p. 50, B3 ; 93 270 16 21 ; www.bnc.cat ; Carrer de l'Hospital 56 ; 9h-20h lun-ven, 9h-14h sam ; M Liceu), édifice du XVe siècle qui abrite aujourd'hui la bibliothèque de Catalogne, une école d'art et l'Institut des études catalanes. Visitez les grandes salles de lecture aux larges voûtes gothiques, qui accueillent des expositions temporaires. L'agréable cour à colonnades, un peu défraîchie, comprend un café apprécié.

Centre de Cultura Contemporània de Barcelona (CCCB)

CENTRE CULTUREL

3 Plan p. 50, B2

Installé dans un hospice du XVIIIe siècle, la Casa de la Caritat, cet ensemble créé en 1994 comprend auditoriums, espaces d'exposition et salles de conférences. Flanquée d'un grand mur de verre, la cour est spectaculaire. Avec 4 500 m² répartis en quatre espaces, la programmation évolue constamment (expositions, cycles cinématographiques, etc.). (93 306 41 00 ; www.cccb.org ; Carrer de Montalegre 5 ; tarif plein/réduit/-12 ans 1 exposition 6/4 €/gratuit, 2 expositions 8/6 €/gratuit, gratuit dim 15h-20h ; 11h-20h mar-dim ; M Universitat)

À savoir

Articket BCN

L'offre la plus avantageuse pour les amateurs d'art à Barcelone est l'**Articket BCN** (www.articketbcn.org ; 30 €). Ce pass permet d'accéder à tarif préférentiel à six musées : le MACBA, le Centre de Cultura Contemporània de Barcelona, la Fundació Antoni Tàpies, la Fundació Joan Miró, le Museu Nacional d'Art de Catalunya et le Museu Picasso.

Església de Sant Pau del Camp

ÉGLISE

4 Plan p. 50, B5

Son joli petit cloître est le plus bel exemple d'architecture romane de la ville. Entourée d'un jardin quelque peu abandonné, cette église du XIIe siècle arbore aussi de beaux éléments sculpturaux wisigoths sur le portail principal. (93 441 00 01 ; Carrer de Sant Pau 101 ; tarif plein/réduit 3/2 € ; 10h-13h et 16h-19h lun-sam ; M Paral·lel)

Se restaurer

El Colectivo

CAFÉ €

5 Plan p. 50, B2

Ce petit café décontracté, dans une rue tranquille, prépare d'excellents gâteaux (aux carottes, à l'ananas…), des *bocadillos* (sandwichs) créatifs et du bon café. Le décor minimaliste se résume à une rangée de tables en bois et les places en devanture permettent d'observer ce qui se passe dehors. Du jazz de qualité compose le fond sonore. Tapas les jeudi et vendredi. (93 318 63 80 ; Carrer del Pintor Fortuny 22 ; bocadillos à partir de 4 € ; 9h-21h lun-ven, 10h-21h sam, 10h-16h dim ; Wi-Fi ; M Catalunya)

Mam i Teca

CATALAN €€

6 Plan p. 50, B3

Bien plus qu'un restaurant, cet endroit minuscule d'une demi-douzaine de tables incarne tout un art de vivre. Les habitués s'accoudent au bar tandis que les convives dégustent des spécialités catalanes Slow Food faites de produits locaux. Goûtez donc au cabillaud à l'ail et au poivron rouge revenu dans l'huile d'olive, ou les travers de porc aux pois chiches. (93 441 33 35 ; Carrer de la Lluna 4 ; plats 9-12 € ; 13h-16h et 20h-0h lun, mer-ven et dim, 20h-0h sam ; M Sant Antoni)

Flax & Kale

VÉGÉTARIEN €€

7 Plan p. 50, A2

Bien loin des restaurants végétariens d'autrefois, celui-ci propose une approche nouvelle (du moins pour Barcelone) en démontrant que la cuisine non carnée peut parfaitement rimer avec choix et inventivité, le tout dans un cadre élégant. Au menu, tacos garnis de guacamole, aubergines, champignons shiitaké et crème aigre aux noix de cajou ou curry rouge de Penang. Options végétaliennes et sans gluten également. (93 317 56 64 ; www.teresacarles.com ; Carrer dels Tallers 74 ;

JJPOOLE/GETTY IMAGES ©

Tacos à l'effilochée de porc

plats 12,50-16,50 € ; 10h-23h30 ; ; Universitat)

Caravelle

INTERNATIONAL €€

8 Plan p. 50, B3

Ce beau petit restaurant est très prisé des gourmets et des hipsters d'El Raval. Il s'y prépare des tacos étonnants (cabillaud, aïoli au citron vert et radis ; porc effiloché, maïs grillé et avocat), un sandwich brioché maison au steak juteux agrémenté de céleri mariné, et bien d'autres délices. (93 317 98 92 ; www.caravelle.es ; Carrer del Pintor Fortuny 31 ; plats 10-13 € ; 9h30-17h30 lun, 9h30-1h mar-ven, 10h-1h sam, 10h-17h30 dim ; Liceu)

Suculent

CATALAN €€

9 Plan p. 50, C4

Le chef étoilé Carles Abellan sublime la cuisine catalane dans ce bistrot à l'ancienne. De la brandade de morue au ragoût de queue de bœuf aux patates douces truffées, il n'utilise que des ingrédients de choix qui ont un prix... L'adresse idéale pour découvrir les spécialités régionales. (93 443 65 79 ; www.suculent.com ; Rambla del Raval 43 ; plats 13-21 € ; 13h-16h et 20h30-23h30 mer-dim ; Liceu)

Dos Trece

INTERNATIONAL €€

10 Plan p. 50, B3

Un endroit animé et jovial pour bruncher à toute heure – même si vous êtes végétarien/lien – ou manger un morceau tard le soir que ce soit un hamburger juteux ou du carré d'agneau plus élaboré. Le bar décline une gamme intéressante de cocktails. Quelques tables en terrasse jouxtent une aire de jeux pour enfants. (93 301 73 06 ; www.dostrece.es ; Carrer del Carme 40 ; plats 10-15 € ; 10h-1h ; ; Liceu)

Prendre un verre

La Confitería

BAR

11 Plan p. 50, B5

L'endroit était une confiserie jusque dans les années 1980 avant de devenir ce bar à l'ambiance détendue. Bien que les bouteilles d'alcool aient remplacé les bonbons sur les rayonnages, la salle, quasiment inchangée, transporte le visiteur au XIXe siècle. Un endroit calme où déguster un *vermut* (3 € ; ajoutez votre soda) en début de soirée. (Carrer de Sant Pau 128 ; 19h30-2h30 lun-jeu, 18h-3h30 ven, 17h-3h30 sam, 12h-2h45 dim ; M Paral·lel)

Casa Almirall

BAR

12 Plan p. 50, A3

Depuis 1860 presque rien n'a changé dans ce bar sombre et fascinant à la déco moderniste comprenant de beaux éléments d'origine, tels le comptoir en marbre et une statue en fonte de la muse de l'Exposition universelle de 1888. (www.casaalmirall.com ; Carrer de Joaquín Costa 33 ; 18h-2h30 lun-jeu, 18h30-3h ven, 12h-3h sam, 12h-0h30 dim ; M Universitat)

El Drapaire

BAR

13 Plan p. 50, B2

Profitant du récent engouement pour la bière artisanale, cette taverne cosy aux poutres apparentes a trouvé un second souffle. Elle propose désormais 13 variétés à la pression, espagnoles et étrangères. Tapas et assiettes de fromage ou de charcuterie à partager. (607 466446 ; Carrer de les Sitges 11 ; 17h-1h lun-sam ; M Catalunya)

Bar Pastís

BAR

14 Plan p. 50, D4

Cette institution exiguë et encombrée rend hommage aux cabarets à la française (avec beaucoup d'images d'Édith Piaf). Le bar existe – par intermittence – depuis la fin de la Seconde Guerre mondiale. Arrivez avant 21h pour avoir une chance de trouver un siège ou d'accéder au bar. Des concerts, généralement de chanson française, ont lieu certains soirs. (www.barpastis.com ; Carrer de Santa Mònica 4 ; 19h30-2h ; M Drassanes)

STEFANO POLITI MARKOVINA/ALAMY STOCK PHOTO ©

Bar Pastís

Marmalade

BAR

15 Plan p. 50, B3

Les tons dorés de ce bar-restaurant rétroéclairé séduisent inévitablement les passants à travers la vitrine. Il y a plusieurs espaces décorés de manière différente et élégante, et un billard à côté du bar. Honneur aux cocktails dont plusieurs sont à 5 € toute la nuit. (www.marmaladebarcelona.com ; Carrer de la Riera Alta 4-6 ; 18h30-2h30 lun-mer, 10h-2h30 jeu-dim ; M Sant Antoni)

Moog

CLUB

16 Plan p. 50, D4

Ce minuscule club à l'ambiance joviale est un haut lieu de la vie nocturne en centre-ville. Dans la salle principale, les DJ alternent house, techno et électro, alors qu'à l'étage, on peut écouter un mélange de musique indé et de grands classiques pop. (www.masimas.com/moog ; Carrer de l'Arc del Teatre 3 ; entrée 5 € ; 0h-5h lun-jeu et dim, 0h-6h ven-sam ; M Drassanes)

Sortir

Gipsy Lou

MUSIQUE LIVE

17 Plan p. 50, A3

Un petit bar à l'air louche qui fait salle comble grâce aux concerts variés (rumba, pop, flamenco...), spectacles de contes occasionnels et tout ce que Felipe a envie de programmer. D'honnêtes en-cas aident à éponger le *pisco sour*, la spécialité maison. (www.gipsylou.com ; Carrer de Ferlandina 55 ; 20h-2h30 dim-jeu, 20h-3h ven-sam ; M Sant Antoni)

Shopping

Fantastik

ARTISANAT

18 Plan p. 50, A2

Plus de 400 articles, dont un hochet décoré d'un crâne (Mexique), un robot spationaute (Chine) et des zèbres en plastique recyclé (Afrique du Sud),

100% barcelonais

Cinéma avant-gardiste

Créée il y a moins de 10 ans et magnifiquement conçue, la **Filmoteca de Catalunya** (plan p. 50, C4 ; 93 567 10 70 ; www.filmoteca.cat ; Plaça de Salvador Seguí 1-9 ; tarif plein/réduit 4/3 € ; projections 17h-22h mar-dim, billetterie 10h-15h et 16h-21h30 mar-dim ; M Liceu) comprend deux salles de cinéma, une bibliothèque, une librairie, un café et un espace d'exposition. On y projette des films que l'on ne verrait pas ailleurs, des obscures productions d'art et d'essai aux grands classiques européens et américains.

constituent la collection de cette boutique colorée. Les produits viennent du Mexique, d'Inde, de Bulgarie, de Russie, du Sénégal et de 20 autres pays. (93 301 30 68 ; www.fantastik.es ; Carrer de Joaquín Costa 62 ; 11h-14h et 16h-20h30 lun-ven, 11h-21h sam ; M Universitat)

Holala! Plaza

MODE

19 Plan p. 50, B2

Donnant sur la Carrer de Valldonzella, où elle dispose d'un espace d'exposition dédié à l'art, cette enseigne de fripe vintage d'Ibiza s'inspire de la longue tradition hippie (et quelque peu mercantile) de l'île. Expositions et activités diverses. (www.holala-ibiza.com ; Plaça de Castella 2 ; 11h-21h lun-sam ; M Universitat)

Explorer

La Ribera et le parc de la Ciutadella

La Ribera abrite El Born, l'un des endroits les plus captivants de Barcelone. Épicentre de la ville au Moyen Âge, le Passeig del Born arboré est de nouveau à la mode avec ses nombreux bars, restaurants et boutiques. Mais la Ribera compte aussi au nombre de ses attraits le Museu Picasso, la plus imposante église gothique de Barcelone, un superbe marché et le plus grand parc du centre-ville.

L'essentiel en un jour

Pour éviter la foule, le **Museu Picasso** (p. 58) se parcourt tôt, puis une visite guidée du **Palau de la Música Catalana** (p. 68) permet d'apprécier pleinement le génie et l'excentricité du modernisme. Le **Mercat de Santa Caterina** (p. 68) est idéal pour préparer son pique-nique au **parc de la Ciutadella** (ci-contre ; p. 68).

Le déjeuner sera suivi d'une balade dans le parc. Allez ensuite admirer la grâce et la splendeur de la **Basílica de Santa Maria del Mar** (p. 62). Tout aussi belle de l'extérieur, vous pourrez l'apprécier depuis notre point de vue préféré, **La Vinya del Senyor** (p. 73), jusqu'au soir.

Les possibilités culinaires ne manquent pas dans El Born. Commencez par quelques tapas au convivial **Cal Pep** (p. 65), suivies de créations originales aux influences internationales à **El Atril** (p. 71). Enfin, l'ambiance détendue du **Rubí** (p. 73) se prêtera à un dernier verre.

Voir p. 64 pour une soirée 100% barcelonaise dans El Born.

Les incontournables

Le Museu Picasso (p. 58)

La Basílica de Santa Maria del Mar (p. 62)

100% barcelonais

Bar et tapas dans El Born (p. 64)

Le meilleur du quartier

Tapas

Bormuth (p. 70)

El Xampanyet (p. 65)

Cal Pep (p. 65)

Euskal Etxea (p. 65)

Bar del Pla (p. 65)

Bars à vins et à cocktails

Rubí (p. 73)

La Vinya del Senyor (p. 73)

Juanra Falces (p. 74)

Comment y aller

Ⓜ **Métro** La station Jaume I (ligne 4), au sud-ouest de la Ribera, est proche de tout.

Ⓜ **Métro** Urquinaona (lignes 1 et 4) est pratique pour le Palau de la Música Catalana, Arc de Triomf (ligne 1) pour le parc de la Ciutadella.

Les incontournables
Le Museu Picasso

Pablo Picasso passa de nombreuses années à Barcelone. La ville accueille donc le plus grand musée du monde consacré aux années de formation de l'artiste et à son extraordinaire talent précoce ; les peintures cubistes qui font sa renommée brillent par leur absence, mais l'endroit n'en reste pas moins une galerie de première classe qui retrace le développement du peintre. L'édifice lui-même (cinq demeures médiévales contiguës bâties sur cinq siècles différents et désormais réunies en une seule) est une œuvre d'art.

Plan p. 66, D3

www.museupicasso.bcn.cat

Carrer de Montcada 15-23

Tarif plein/réduit/enfant ttes expositions 14/7,50 €/gratuit ; exposition permanente 11/7 €/ gratuit, expositions temporaires 4,50/3 €/gratuit

9h-19h mar, mer et ven-dim, 9h-21h30 jeu

M Jaume I

Cloître, musée Picasso

À ne pas manquer

L'enfance

Salles 1 et 2 La collection s'ouvre sur des croquis et des peintures à l'huile datant des premières années de Picasso à Málaga et à La Corogne (vers 1893-1895) pour se poursuivre jusqu'à ses années de formation à Barcelone. Certains de ses autoportraits et portraits de ses parents (à partir de 1896) attestent du talent précoce de l'artiste. Son *Retrato de la Tía Pepa (*Portrait de la tante Pepa), exécuté à Málaga en 1896, illustre l'incroyable maturité de ses coups de pinceau et son habileté à représenter des personnages – à seulement 15 ans.

Les débuts à Barcelone

Salles 3 et 5 Les premières œuvres de Picasso témoignent d'un talent juvénile en quête de style. Dans la salle 3, *Ciència i Caritat* (Science et Charité) peinte en 1897 à l'âge de 16 ans prouve que, s'il l'avait voulu, Picasso aurait fait un bon artiste conventionnel. Dans la salle 5, ses études des styles de Vélasquez et du Greco sont de fascinants aperçus de sa phase de perfectionnement.

L'avant-garde catalane

Salle 4 Après quelque temps passé à Horta de Sant Joan, Picasso retourna à Barcelone et rejoignit "l'avant-garde catalane". Son *Poeta Decadente* est un portrait de son nouvel ami Jaume Sabartés, qui restera toute sa vie l'un de ses confidents – puis deviendra le curateur non officiel de ses œuvres.

La période bleue

Salle 8 Avant que le cubisme ne l'emporte au-delà de frontières créatives non exploitées, Picasso s'engagea dans une première aventure

À savoir

- Il faut bien comprendre le projet du musée : la fascinante collection regroupe les premières œuvres de Picasso, peu de chefs-d'œuvre cubistes en vue.
- Achetez vos billets en ligne pour éviter l'attente.
- L'entrée est gratuite le dimanche à partir de 15h et le premier dimanche du mois.
- L'Articket BCN (voir l'encadré p. 52) permet d'accéder au musée, et à cinq autres, pour 30 €.

Une petite faim ?

Lors de la dernière visite de Picasso à Barcelone, en 1934, El Xampanyet (p. 65) était ouvert depuis déjà cinq ans ; aujourd'hui, les tapas y sont toujours excellentes. Des tapas traditionnelles mâtinées de créativité sont la spécialité du jeune Bar del Pla (p. 65), dans la Carrer de Montcada.

thématique : la période bleue. De 1901 à 1904, elle coïncide avec ses dernières années passées à Barcelone. Ses représentations nocturnes et azurées des *Terrats de Barcelona* (Toits de Barcelone), froides, mornes et fantomatiques n'en dégagent pas moins une énergie vitale.

La période rose

Salle 9 En 1905, les teintes douces de la période bleue laissent place à des tons chauds allant du rose à l'orange. Arlequins, artistes de cirque et acrobates apparaissent dans les œuvres du peintre. Bien que réalisé vers la fin de cette période, *Arlequin* est caractéristique de son œuvre si colorée de l'époque.

Les premières œuvres cubistes

Salle 11 Les chefs-d'œuvre de Picasso sont ailleurs, mais dès 1917 son style démontrait les prémices du cubisme. Lors d'un séjour de six mois à Barcelone en 1917, il réalisa *Passeig de Colom* et *Blanquita Suárez,* qui annoncent clairement les travaux futurs du peintre. Citons également *Copa y paquete de tabaco* (Verre et paquet de tabac), nature morte d'une sublime simplicité.

Vélasquez, une obsession

Salles 12 à 14 L'influence des grands maîtres sur Picasso est manifeste dans ces salles où l'on trouve une variation de 58 peintures du chef-d'œuvre de Diego Vélasquez, *Les Ménines*

Musée Picasso

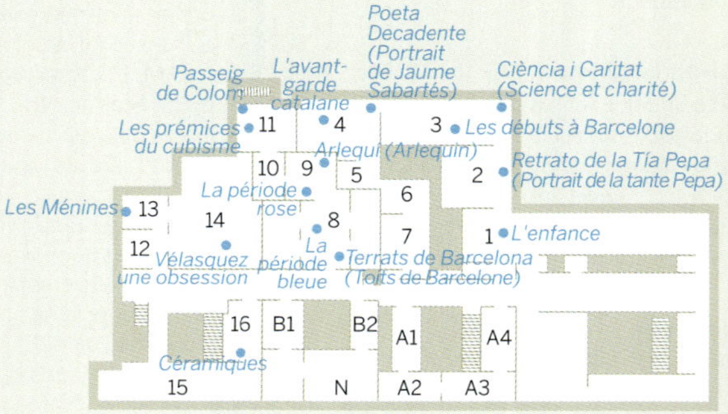

Comprendre

Histoire du musée

Ce serait Picasso lui-même qui aurait soumis l'idée de la création d'un musée à son ami et secrétaire personnel, le Barcelonais Jaume Sabartés, en 1960. Trois ans plus tard, la "Collection Sabartés" voyait le jour – Picasso étant connu pour son opposition au régime de Franco, un musée portant son nom aurait d'emblée fait l'objet de censures. Le musée que l'on connaît aujourd'hui a ouvert en 1983, et sa collection s'est peu à peu enrichie grâce à des donations de Salvador Dalí et Sebastià Junyer Vidal, entre autres, et surtout des œuvres léguées par Picasso en personne. Après la mort de l'artiste, sa veuve, Jacqueline Roque, fit également don de 41 pièces de céramique et du tableau *La mujer de la cofia* (Femme au bonnet).

(exposées au musée du Prado à Madrid). Peintes à Cannes en 1957, elles raviront les amateurs du style cubiste typique de Picasso.

Céramiques

Salle 15 Ce musée permet également de découvrir des pratiques artistiques plus méconnues de Picasso.

Les dernières salles abritent des gravures et quelque 40 pièces de céramique réalisées durant les dernières années de sa vie si prolifique, notamment des assiettes et des bols ornés de dessins linéaires représentant poissons, chouettes et autres animaux récurrents dans ses œuvres en argile.

Les incontournables
La Basílica de Santa Maria del Mar

Rien ne prépare à la beauté singulière de la Basílica de Santa Maria del Mar. L'église gothique la plus captivante de Barcelone se dresse sereinement au milieu de la foule et des immeubles d'El Born. Tranchant avec l'étroit dédale des rues voisines, un véritable sentiment de lumière et d'espace émane de toute l'église. Son intérieur en pierre, proche de la perfection, fait d'elle une digne rivale de la cathédrale et de la Sagrada Família dans le cœur des visiteurs.

Plan p. 66, D4

93 310 23 90

www.santamariadelmarbarcelona.org

Plaça de Santa Maria del Mar

Visites guidées 8 €, 13h-17h

9h-13h, 17h-20h30

M Jaume I

Détail du plafond de la Basílica de Santa Maria del Mar

À ne pas manquer

La nef et le chœur

L'agréable uniformité et symétrie de la nef centrale et des deux ailes latérales est due à la rapidité avec laquelle l'église fut bâtie au XIVe siècle : seulement 59 ans, un record pour un lieu de culte européen aussi imposant. Les piliers octogonaux élancés créent un vaste espace latéral baigné par la lumière filtrant des vitraux.

Plafond et chapelles latérales

Même avant que des anarchistes ne la saccagent en 1909 puis en 1936, Santa Maria était déjà dépourvue de décorations superflues. Les chapelles dorées, typiques de nombreuses églises espagnoles, ne sont plus, et les jolies touches de couleur au-dessus de la nef sont exceptionnellement subtiles. Le tout souligne les belles proportions de l'église, la pureté des lignes et le sens de l'espace.

Les dockers

Observez les pierres de la nef. Un jour par semaine, les *bastaixos* (dockers) de la ville transportaient sur leur dos la pierre de construction depuis les carrières royales de Montjuïc. Leur souvenir vit à jamais dans des reliefs les représentant sur les portails et d'autres sculptures dans l'édifice, tel un rappel de la vocation populaire de l'église.

El Fossar de les Moreres

En face du côté sud de l'église, une flamme éternelle brûle sur une place en sous-sol. C'est El Fossar de les Moreres (le cimetière aux mûres), où des résistants catalans furent enterrés après leur défaite lors du siège de Barcelone, en septembre 1714, durant la guerre de Succession d'Espagne.

À savoir

- La visite guidée (13h-17h, 8 €) inclut la terrasse sur le toit et la crypte.
- Pour un moment spirituel, assistez à la messe quotidienne à 19h30.
- Renseignez-vous à la boutique de souvenirs sur la programmation des récitals de musique baroque en soirée.

Une petite pause ?

Déjeunez en terrasse au Bubó (p. 65), où les tapas et boissons s'accompagnent d'une vue sur la façade ouest de la basilique.

Les tables au balcon de La Vinya del Senyor (p. 73) donnent aussi sur l'église.

100% barcelonais
Bars et tapas dans El Born

S'il est un endroit qui traduit l'ambiance toujours cool de Barcelone et offre un aperçu de toutes les facettes irrésistibles de la ville, c'est bien El Born, cet enchevêtrement de rues autour de la Basílica de Santa Maria del Mar. Son secret est simple : c'est là que sortent les Barcelonais en quête d'une soirée authentique.

❶ Passeig del Born

La plupart des soirées dans El Born débutent sur le Passeig del Born, l'un des plus jolis petits boulevards en Europe. On s'y balade ou on s'y arrête, assis sur un banc. Sous les arbres, les principaux attraits d'El Born semblent évidents : le flot de passants, de superbes bars et une architecture sortie tout droit du Moyen Âge.

❷ Tapas catalanes

Commandez un *cava* (vin pétillant) et un assortiment de tapas au **El Xampanyet** (☎93 319 70 03 ; Carrer de Montcada 22 ; ⏲12h-16h et 19h-23h mar-sam, 12h-16h dim ; Ⓜ Jaume I), l'un des bars à *cava* les plus réputés de la ville, établi en 1929. Au menu : *boquerones en vinagre* épicés (anchois blancs au vinaigre) et très bons fruits de mer en conserve, à la mode catalane.

❸ Délices basques

Après avoir dégusté des tapas barcelonaises, il est temps de les comparer avec les *pintxos* (tapas basques sur du pain) alignés sur le comptoir du **Euskal Etxea** (☎93 310 21 85 ; Placeta de Montcada 1 ; tapas 1,95 € ; ⏲10h-0h30 dim-jeu, 10h-1h ven-sam ; Ⓜ Jaume I), un véritable aperçu de San Sebastián.

❹ Tapas espagnoles revisitées

En lisière nord d'El Born, le **Bar del Pla** (☎93 268 30 03 ; www.bardelpla.cat ; Carrer de Montcada 2 ; plats 12-16 € ; ⏲12h-23h lun-jeu, 12h-0h ven-sam ; Ⓜ Jaume I) vaut le détour. Dans ce bar simple, les tapas traditionnelles arborent une touche d'originalité. Essayez les croquettes de jambon et de viande ou le saumon mariné au yaourt et à la moutarde.

❺ Tapas avec vue

Au cœur d'El Born, à l'ombre de la Basílica de Santa Maria del Mar, le chef pâtissier Carles Mampel tient le **Bubó Bar** (☎93 268 72 24 ; www.bubo.es ; Carrer de les Caputxes 6-10 ; tapas à partir de 5 € ; ⏲10h-21h lun-jeu et dim, 10h-23h ven-sam ; Ⓜ Barceloneta). Si vous n'êtes pas encore repu, goûtez en terrasse sur la jolie place les croquettes de morue.

❻ Une vieille institution

Le turbulent **Cal Pep** (☎93 310 79 61 ; www.calpep.com ; Plaça de les Olles 8 ; plats 13-20 € ; ⏲19h30-23h30 lun, 13h-15h45 et 19h30-23h30 mar-sam, fermé 3 dernières semaines d'août ; Ⓜ Barceloneta) fait partie des institutions barcelonaises dont le succès ne se dément pas. Il peut être difficile d'y dénicher un tabouret pour commander des en-cas gastronomiques comme les *cloïsses amb pernil* (palourdes au jambon). S'il affiche complet, commandez un verre et attendez qu'une place se libère car le jeu en vaut la chandelle.

❼ Le chouchou du quartier

El Born Bar (☎93 319 53 33 ; Passeig del Born 26 ; ⏲10h-2h lun-sam, 12h-1h30 dim ; wifi ; Ⓜ Jaume I) attire sans effort toutes sortes de gens, des trentenaires branchés venant des quatre coins de la ville aux habitués qui commentent la parade humaine dans le Passeig del Born. Bon choix de bières et d'alcools, *empanadas* et autres petits délices à grignoter.

❽ Le dernier mojito

Les nuits barcelonaises s'achèvent souvent par un mojito au **Cactus Bar** (☎93 310 63 54 ; www.cactusbar.cat ; Passeig del Born 30 ; ⏲10h-2h30 ; Ⓜ Jaume I), qui concocte le plus grand et le meilleur du quartier. Les tables dehors près du Passeig del Born invitent à s'attarder.

A
B
C
D
1
2
3
4
5
C de Trafalgar
Ptge de Sert
C d'Ortigosa
C de Sant Pere més Alt
C d'en Mònec
C d'en Llàstics
C del Portal Nou
C del Comerç
Palau de la Música Catalana
1
C de Sant Pere Mitjà
C de Sant Pere més Baix
C dels Metges
C de Jaume Giralt
Plaça de Sant Agustí Vell
C d'en Tantarantana
C del Palau de la Música
C de Verdaguer i Callís
C d'en Giralt i Pellisser
C del Fonollar
C dels Carders
9
Plaça d'Allada i Vermell
C d'Allada Vermell
11
2
Mercat de Santa Caterina
LA RIBERA
Via Laietana
C del Dr Joaquim Pou
Av de Francesc Cambó
C de les Freixures
C de Colomines
C dels Corders
C dels Assaonadors
Plaça d'Antoni Maura
C dels Mercaders
C de Montcada
Museu Picasso
Museu de Cultures del Món
5
4
Fundació Gaspar
Plaça de Ramon Berenguer el Gran
C de la Tapineria
8
C de la Bòria
C de la Princesa
C dels Banys Vells
12
C dels Sombrerers
Av de la Catedral
Plaça de la Seu
C de Santa Llúcia
Plaça de Sant Iu
Plaça del Rei
C dels Miralllers
17
Plaça Nova
C dels Comtes
Plaça de l'Àngel
Jaume I
C de Vigatans
C de l'Argenteria
Basílica de Santa Maria del Mar
BARRI GÒTIC
C del Bisbe
C de la Llibreteria
C del Sotstinent Navarro
Via Laietana
C de Manresa
C de Basea
14
C de Jaume I
C de la Nau
C dels Canvis Nous
Plaça de Sant Just
C dels Lledó
CIUTAT VELLA
18
C dels Agullers
Nos adresses
Les incontournables p. 58
Voir p. 68
Se restaurer p. 70
Prendre un verre p. 73
Sortir p. 74
Shopping p. 74

E
F
G
H
0
200 m
1
2
3
4
5
Pg de Lluís Companys
Pg de Pujades
Pg de Picasso
C de la Princesa
C de la Fusina
Born Centre de Cultura i Memòria
3
C Comercial
7
15
C dels Flassaders
19
16
Plaça Comercial
10
13
C de la Ribera
C del Comerç
C Antic de Sant Joan
C de l'Esparteria
C del Rec
Pg del Born
C de Montcada
C Rera Palau
6
C de Santa Maria
Av del Marquès de l'Argentera
Zoo de Barcelone
Pg de Circumval·lació
Estació de França
C d'Ocata
C de la Marquesa
C del Doctor Aiguader
Ronda del Litoral
Pla del Palau
LA RIBERA
Pg d'Isabel II
Barceloneta
LA BARCELONETA

Voir

Palau de la Música Catalana

ARCHITECTURE

1 Plan p. 66, A2

Symphonie de carreaux, de briques, de pierres sculptées et de vitraux, cette salle de concert est un chef-d'œuvre de l'architecture moderniste de Barcelone. Construite pour la société musicale Orfeo Català par Domènech i Montaner entre 1905 et 1908, elle fut conçue comme un temple de la *Renaixença* (Renaissance) catalane. (93 295 72 00 ; www.palaumusica.cat ; Carrer de Palau de la Música 4-6 ; tarif plein/réduit/enfant 18/11 €/gratuit ; visites guidées 10h-15h30, Pâques et juil-août 10h-18h ; M Urquinaona)

Mercat de Santa Caterina

MARCHÉ

2 Plan p. 66, C3

Ce magnifique marché de produits frais fut conçu par Enric Miralles et Benedetta Tagliabue pour remplacer son prédécesseur du XIXe siècle. Achevé en 2005, il se distingue par son toit kaléidoscopique et ondulant porté par des poteaux en acier semblables à de hauts troncs d'arbres tordus. En dessous se déploient stands, restaurants, cafés et bars. (93 319 57 40 ; www.mercatsantacaterina.com ; Avinguda de Francesc Cambó 16 ; 7h30-15h30 lun, mer, sam, 7h30-20h30 mar, jeu, ven, fermé l'après-midi juil-août ; M Jaume I)

100% barcelonais

Promenade au parc

Les habitants du quartier aiment se balader dans le magnifique **parc de la Ciutadella** (plan p. 66, G2 ; Passeig de Picasso ; ; M Arc de Triomf). Il abrite le Parlement de Catalogne, le zoo municipal, quelques beaux édifices et la monumentale *Cascada* (cascade) créée entre 1875 et 1881 par Josep Fontserè avec la collaboration du jeune Antoni Gaudí.

Born Centre de Cultura i Memoria

MONUMENT HISTORIQUE

3 Plan p. 66, E3

Inauguré en grande pompe en 2013 à l'occasion du tricentenaire de la défaite catalane dans la guerre de Succession d'Espagne, cet espace culturel occupe l'ancien Mercat del Born, une superbe halle du XIXe siècle en acier et en brique. En 2001, des fouilles ont mis au jour les vestiges de rues entières qui furent supprimées pour la construction de la tant décriée citadelle *(ciutadella)*. Ces vestiges sont aujourd'hui ouverts au public au sous-sol. Au rez-de-chaussée, une exposition présente aussi l'histoire du quartier et de sa destruction. (93 256 68 51 ; elbornculturaimemoria.barcelona.cat ; Plaça Comercial 12 ; centre gratuit, expositions tarif plein/réduit/enfant 6/4,20 €/gratuit ; 10h-20h mar-dim mars-sept, 10h-19h mar-sam, 10h-20h dim oct-fév ; M Barceloneta)

Fundació Gaspar

GALERIE D'ART

4 Plan p. 66, D4

Installée dans un superbe palais de style gothique à côté du Museu Picasso, cette fondation a ouvert en novembre 2015 avec l'intention de présenter des œuvres d'artistes contemporains novateurs que les autres musées et galeries de la ville ne montrent pas. Le 1er étage accueille les expositions, le rez-de-chaussée une cour élégante abritant le Café Gaspar et une boutique de cadeaux tendance. (☎93 887 42 48 ; www.fundaciogaspar.org ; Carrer de Montcada 25 ; adulte/tarif réduit/moins de 12 ans 5/3 €/gratuit ; ⏲10h-20h mar, mer, ven-dim, 10h-21h30 jeu ; M Jaume I)

Museu de Cultures del Món

MUSÉE

5 Plan p. 66, D4

Le Palau Nadal et le Palau Marquès de Llió, jadis occupés respectivement par le Museu Barbier-Mueller et le Museu Tèxtil, ont rouvert au public en 2015 sous la forme d'un nouveau musée consacré aux cultures du monde. Les pièces issues de collections publiques et privées, dont beaucoup proviennent du Museu Etnològic (p. 130) de Montjuïc, font voyager le visiteur à travers les civilisations anciennes d'Afrique, d'Asie, d'Amérique et d'Océanie. Il existe un billet combiné à 12 € incluant ce dernier et le Museu

CISCO PELAY/ALAMY STOCK PHOTO ©

Musée des Cultures du monde

Egipci. (☎93 256 23 00 ; museuculturesmon.bcn.cat ; Carrer de Montcada 12 ; adulte/tarif réduit/enfant 5/3,50 €/gratuit, exposition temporaire 2,20/1,50 €/gratuit, gratuit 15h-20h dim et 1er dim du mois ; 10h-19h mar-sam, 10h-20h dim ; M Jaume I)

Se restaurer

Paradiso

VIANDE FUMÉE €

6 Plan p. 66, E4

Ce bar à cocktails est précédé d'un espace blanc comme neige, à peine plus grand qu'un mouchoir de poche, qui vaut à lui seul le détour pour ses sandwichs au pastrami, son canard et autres viandes fumées artisanalement par l'équipe de la Rooftop Smokehouse, plus connue pour ses *food trucks*. (☎639 310671 ; www.rooftopsmokehouse.com ; Carrer de Rera Palau 4 ; plats 8 € ; bar à cocktails 19h-2h dim-jeu, 19h-3h ven-sam, bar à pastrami 12h-2h dim-jeu, 12h-3h ven-sam ; M Barceloneta)

100% barcelonais

Une adresse secrète pour amateurs de poisson

Aucune enseigne n'indique cette adresse où les Barcelonais viennent se régaler de poisson et de fruits de mer. Le **Passadís del Pep** (plan p. 66, E5 ; ☎93 310 10 21 ; www.passadis.com ; Pla del Palau 2 ; plats 19-24 € ; 13h15-15h45 et 20h30-23h30 lun-sam ; M Barceloneta) reçoit quotidiennement ses produits frais en provenance des ports de pêche de la côte catalane. Il n'y a pas de carte et l'offre dépend des prises du jour. Suivez le long couloir mal éclairé et vous serez entre de bonnes mains.

Bormuth

TAPAS €

7 Plan p. 66, E3

Inauguré en 2013 dans une rue piétonnière, Bormuth épouse la mode des bars à tapas qui associent une cuisine à l'ancienne avec un décor et un service actuels. La carte décline tous les vieux classiques – *patatas bravas* (cubes de pommes de terre frites à la sauce tomate légèrement pimentée), *ensaladilla* (salade russe) et tortilla – ainsi que des plats plus inattendus fort bien préparés comme le poivron rouge grillé au boudin noir. (☎93 310 21 86 ; Carrer del Rec 31 ; tapas à partir de 4 € ; 12h30-0h ; Wi-Fi ; M Jaume I)

Cat Bar

VÉGÉTALIEN €

8 Plan p. 66, C4

Cette minuscule adresse végétalienne propose essentiellement des burgers, plus un plat du jour sans gluten, des tapas et de l'houmous. Sa bonne sélection de bières artisanales, renouvelée régulièrement, comprend toujours une variété au froment, une autre sans gluten, une brune et une IPA. Concerts de temps à autre. (Carrer de la Bòria 17 ; plats 6,50-8,50 € ; 13h-23h lun et jeu-sam ; Wi-Fi ; M Jaume I)

Patatas bravas

El Atril

INTERNATIONAL **€€**

9 Plan p. 66, C2

Brenden l'Australien, propriétaire des lieux, manie les saveurs du monde entier. Ainsi, s'il fait la part belle aux tapas (goûtez aux *patatas bravas* et leur délicieuse sauce maison), il cuisine aussi du filet de kangourou ; des petits pains au saumon, aux dattes et au mascarpone ; ou encore de la dinde au feu de bois accompagnée de yucca frit. (☎93 310 12 20 ; www.atrilbarcelona.com ; Carrer dels Carders 23 ; plats 11-15 € ; 12h-0h tlj ; M Jaume I)

Casa Delfín

CATALAN **€€**

10 Plan p. 66, E3

Ce haut lieu de la bonne chère incarne tout ce qui fait la cuisine catalane et méditerranéenne. Commencez par des *calçots* (oignons doux de la même famille que les poireaux ; uniquement en fév-mars) ou des poivrons de Padrón au gros sel, suivis de sardines grillées au persil, puis attaquez-vous à la lotte rôtie à l'ail et au vin blanc. (☎93 319 50 88 ; www.tallerdetapas.com ; Passeig del Born 36 ; plats 10-15 € ; 8h-0h lun-jeu, 8h-1h ven-sam ; ; M Barceloneta)

Comprendre

Le gothique catalan

Contexte historique

L'émergence de l'architecture gothique en France au XIIIe siècle coïncida avec l'expansion de l'empire catalan, l'essor d'une classe commerçante et la croissance d'une sphère marchande d'influence. L'énorme coût de construction des nouveaux monuments allait donc être couvert par l'enrichissement croissant de Barcelone.

Le style architectural reflète les techniques de construction alors en développement. L'introduction des arcs-boutants et des croisées d'ogives au plafond permit la construction d'édifices plus hauts et d'apparence plus légère que par le passé. La croisée d'ogives devint un standard et les grandes rosaces permirent à la lumière de pénétrer dans ces vastes espaces.

La différence catalane

Le gothique catalan a rarement suivi le chemin du gothique de l'Europe du Nord. Les décorations sont moins importantes ; la largeur prend le dessus sur la hauteur. Tandis que les cathédrales du Nord s'élèvent haut dans les cieux, les structures gothiques catalanes s'étalent sur les côtés, étirant les voûtes au maximum.

Avec ses 15 m d'arches (parmi les plus grandes jamais construites sans renfort) soutenant le plafond, le Saló del Tinell au Museu d'Història de Barcelona (p. 34) est un parfait exemple du gothique catalan. Tout comme les chantiers navals du Moyen Âge qui abritent aujourd'hui le Museu Marítim (p. 82). Pour les églises aussi, les Catalans optèrent pour des formes trapues et un espace latéral. La Basílica de Santa Maria del Mar (p. 62) vous en donnera un bon aperçu.

L'absence de flèche et de pinacle marque une autre rupture notable avec les styles gothiques du Nord. Le haut des clochers est généralement plat ou quasiment plat, mais quelques exceptions confirment la règle : flanquée de trois tours aux multiples saillies, la façade principale de la cathédrale de Barcelone rappelle vaguement la forme des cathédrales de Chartres et de Cologne. Mais elle fut ajoutée au XIXe siècle selon, il est vrai, des plans du Moyen Âge.

La majeure partie de l'héritage gothique de Barcelone se concentre dans les limites de la vieille ville, mais on en retrouve quelques exemples au-delà, notamment le Museu-Monestir de Pedralbes (p. 139) à Sarrià.

Nakashita

JAPONAIS €€

11 Plan p. 66, C1

Importante terre d'immigration japonaise, le Brésil possède une tradition bien établie en matière de cuisine nippone. Le chef brésilien du Nakashita prépare ainsi à merveille sashimis, makis, crabe en mue et *kakiage* (assortiment de tempura). Mieux vaut réserver : on se presse aux quelques tables de ce restaurant japonais très réputé. (93 295 53 78 ; www.nakashitabcn.com ; Carrer del Rec Comtal 15 ; plats 15-20 € ; 13h30-16h30 et 20h30-0h ; ; M Arc de Triomf)

Prendre un verre

Rubí

BAR

12 Plan p. 66, D4

Avec son éclairage de boudoir et ses mojitos bon marché, le Rubí attire les habitants avertis en quête d'un dernier verre ou de plusieurs. Dans cet espace étroit et cosy – allez jusqu'au fond pour tenter d'accéder à l'une des tables tant convoitées – vous grignoterez des en-cas de qualité, des rouleaux de printemps aux traditionnelles assiettes de jambon et fromage. (647 773707 ; Carrer dels Banys Vells 6 ; 19h30-2h30 dim-jeu, 19h30-3h ven-sam ; M Jaume I)

Guzzo

BAR À COCKTAILS

13 Plan p. 66, E3

Un bar à la fois chic, branché et décontracté, tenu par le DJ vedette de Barcelone Fred Guzzo qui mixe souvent

SIQUI SANCHEZ/GETTY IMAGES ©

Dégustation de vin et d'olives

des morceaux choisis de funk, de soul et de groove. Concerts fréquents. (93 667 00 36 ; www.guzzoclub.es ; Plaça Comercial 10 ; 18h-3h mar-jeu, 18h-3h30 ven-sam, 12h-3h dim ; ; M Barceloneta)

La Vinya del Senyor

BAR À VINS

14 Plan p. 66, D5

Il y a le choix entre la terrasse à l'ombre de la Basílica de Santa Maria del Mar ou la petite salle bondée avec, à l'étage, des tables pour ceux qui souhaitent commander à la bouteille plutôt qu'au verre. La carte des vins est aussi longue que *Guerre et Paix*. (93 310 33 79 ; Plaça de Santa Maria del Mar 5 ; 12h-1h lun-jeu, 12h-2h ven-sam, 12h-0h dim ; ; M Jaume I)

100% barcelonais

Bien-être absolu

Avec sa lumière tamisée et ses effluves de parfums relaxants, le spa **Aire de Barcelona** (plan p. 66, E2 ; ☎93 295 57 43 ; www.airedebarcelona.com ; Passeig de Picasso 22 ; thermes et aromathérapie 31 € lun-jeu, 33 € ven-dim ; 10h-22h lun-jeu et dim, 10h-2h ven-sam ; M Arc de Triomf) est l'endroit rêvé où finir la journée. Bassins chauds, tièdes et froids, bains de vapeur et massages divers, notamment sur une dalle de marbre chaud, vous feront passer un délicieux moment. Réservez et pensez à prendre votre maillot de bain.

Juanra Falces BAR À COCKTAILS

15 Plan p. 66, E3

Anciennement le Gimlet (et toujours appelé ainsi par les Barcelonais), ce petit bar étroit vous transportera dans l'ambiance des films d'Humphrey Bogart. Des barmen en veste blanche concoctent avec adresse gimlet et autres cocktails classiques (environ 10 €) selon vos désirs. (☎93 310 10 27 ; Carrer del Rec 24 ; 20h-3h mar-sam, 22h-3h dim-lun ; M Jaume I)

Sortir

Palau de la Música Catalana MUSIQUE CLASSIQUE

Non content d'être un chef-d'œuvre du modernisme, c'est aussi l'endroit le plus authentique de la ville où écouter du classique et des récitals (voir 1 plan p. 66, A2), mais aussi du flamenco, de la pop et surtout du jazz. Assister à un spectacle dans ce cadre est une expérience en soi. Avant le concert, allez siroter un verre dans le foyer orné de piliers carrelés. (☎93 295 72 00 ; www.palaumusica.cat ; Carrer de Palau de la Música 4-6 ; à partir de 15 € ; billetterie 9h30-21h lun-sam, 10h-15h dim ; M Urquinaona)

Shopping

Hofmann Pastisseria ALIMENTATION

16 Plan p. 66, E4

Avec ses vitrines en bois peint, cette petite pâtisserie haut de gamme liée à la prestigieuse école de cuisine Hofmann semble intemporelle. Choix de délicieux chocolats, croissants (réputés), pâtisseries, gâteaux et autres douceurs. (☎93 268 82 21 ; www.hofmann-bcn.com ; Carrer dels Flassaders 44 ; 9h-14h et 15h30-20h lun-mer, 9h-14h et 15h30-20h30 jeu-sam, 9h-14h30 dim ; M Barceloneta)

Casa Gispert ALIMENTATION

17 Plan p. 66, D4

Cette fabuleuse boutique à la devanture en bois fait griller des noisettes et vend toutes sortes de fruits secs depuis 1851. Les pots et bocaux empilés sur les étagères renferment une infinité de friandises croustillantes : grillées ou sucrées, elles ont toutes un goût de revenez-y. Les commandes et les prix sont criés au caissier dans un style délicieusement vieux jeu.

DIEGO LEZAMA/GETTY IMAGES ©

Loisaida

(☎93 319 75 35 ; www.casagispert.com ; Carrer dels Sombrerers 23 ; 🕑10h-14h et 16h-20h lun-sam ; Ⓜ Jaume I)

Vila Viniteca

VIN

18 Plan p. 66, D5

Depuis 1932, ce caviste - l'un des meilleurs de Barcelone (et ils sont nombreux) - sélectionne d'excellents crus locaux et importés. En novembre, il organise quelques soirées de dégustation très animées dans la rue et les ruelles environnantes. Des producteurs espagnols y présentent leurs vins nouveaux. (☎902 327777 ; www.vilaviniteca.es ; Carrer dels Agullers 7 ; 🕑8h30-20h30 lun-sam ; Ⓜ Jaume I)

Loisaida

VÊTEMENTS, ANTIQUITÉS

19 Plan p. 66, E3

Véritable curiosité en soi pour son cadre, Loisaida (condensé hispanisé de "Lower East Side") occupe les écuries et remises à calèche de l'ancienne fabrique de monnaie de la ville. Cette boutique étonnamment vaste vend des vêtements hauts en couleur, rétro et quelque peu BCBG pour hommes et femmes. Elle propose aussi des bijoux fantaisie, de la musique des années 1940 et 1950 ainsi que de beaux objets anciens. (☎93 295 54 92 ; www.loisaidabcn.com ; Carrer dels Flassaders 42 ; 🕑11h-21h lun-dim ; Ⓜ Jaume I)

Explorer

La Barceloneta et les plages

Le front de mer de Barcelone est un lieu fascinant où l'art public avant-gardiste côtoie les rues brutes de la Barceloneta, quartier de pêcheurs du XVIIIe siècle. Ses restaurants servent les meilleurs fruits de mer, poissons et plats de riz de la ville. Les plages, elles, s'étendent vers le nord.

L'essentiel en un jour

Commencez par un voyage à travers l'histoire catalane au **Museu d'Història de Catalunya** (p. 82), puis prenez le **Teleférico del Puerto** (p. 83) pour jouir d'une belle vue sur le front de mer. Enfin, cap sur **L'Aquàrium** (p. 82), l'un des plus beaux d'Espagne.

Plaisirs balnéaires et gastronomie sont généralement les principaux ingrédients d'un après-midi à la Barceloneta. Nous suggérons un festin de tapas de la mer au **Kaiku** (p. 84) ou à **La Cova Fumada** (p. 79). Après de tels excès gastronomiques, le mieux sera de vous allonger sur la plage de votre choix entre la Barceloneta et le Port Olímpic, voire au-delà.

Les bonnes adresses pour boire un verre ne manquent pas dans le secteur. Au **Can Paixano** (p. 78), le *cava* (vin pétillant) coule à flots dans une ambiance festive, alors que l'**Absenta** (p. 86) et le **Ké?** (p. 87) attirent une clientèle plus bohème. Pour avoir vue sur la mer, optez, en été, pour un **chiringuito** (p. 86), sorte de paillote où siroter des cocktails les pieds dans le sable. Près du Port Olímpic, d'autres bars se succèdent en bord de mer. Ils se muent plus ou moins en discothèques à mesure que la nuit avance.

Voir p. 78 pour une journée à la mer 100% barcelonaise.

100% barcelonais

La mer et les produits de la mer (p. 78)

Le meilleur du quartier

Restaurants de poisson et fruits de mer

Barraca (p. 86)

La Cova Fumada (p. 79)

Bars

Absenta (p. 86)

Can Paixano (p. 78)

Vaso de Oro (p. 79)

Chiringuitos (p. 86)

Comment y aller

Ⓜ **Métro** Descendez à Drassanes (ligne 3) pour vous rendre à l'extrémité sud-ouest du port, à Barceloneta (ligne 4) pour la Barceloneta, et à Ciutadella Vila Olímpica (ligne 4) pour les plages et le Port Olímpic.

Les **bus** 17, 39 et 64 desservent la Barceloneta.

Téléphérique Depuis Montjuïc, prenez le Teleférico del Puerto.

100% barcelonais
La mer et les produits de la mer

C'est à la Barceloneta, péninsule à l'air salé entretenant un lien ancestral avec la mer, que s'expriment le mieux les racines méditerranéennes de Barcelone. La plupart du temps, les habitants y sont plus nombreux que les touristes, du moins le week-end à en croire le nombre de Barcelonais qui investissent les restaurants et les plages.

❶ La folie du cava

Bienvenue dans la Barcelone d'autrefois. Le très authentique **Can Paixano** (☎93 310 08 39 ; www.canpaixano.com ; Carrer de la Reina Cristina 7 ; ⏲9h-22h30 lun-sam ; Ⓜ Barceloneta) est l'un des meilleurs bars à *cava* (vin pétillant) traditionnels de la ville. Ce bar sans âge sert ce vin dans de jolis verres, mais il faut jouer des coudes pour passer commande.

❷ Vue sur la mer
Montez au dernier étage du **Museu d'Història de Catalunya** (inutile d'acheter un billet) pour aller au **1881** (☎93 221 00 50 ; www.sagardi.com ; Plaça de Pau Vila 3 ; plats 18-30 € ; ⏲13h-16h, 20h-0h ; wifi ; Ⓜ Barceloneta), un beau restaurant de poisson. La terrasse offre un magnifique panorama sur la marina.

❸ Bière et crevettes
Un bar débordant d'animation, un personnel alerte toujours souriant, une abondance de tapas et l'illusion qu'ici au moins Barcelone n'a pas changé depuis des décennies : telle est la recette de **Vaso de Oro** (☎933 19 30 98 ; www.vasodeoro.com ; Carrer de Balboa 6 ; tapas 4-12 € ; ⏲12h-0h ; Ⓜ Barceloneta). Bières pression et tapas délicieuses (telles les crevettes grillées).

❹ Balade sur le front de mer
Le métro ne va pas jusqu'à la plage de la Barceloneta et c'est tant mieux, puisqu'il faut emprunter le **Passeig de Joan de Borbó**, promenade ensoleillée et très vivante longeant le port et ses immenses yachts tanguant doucement.

❺ Tapas alléchantes
Malgré l'absence d'enseigne et le cadre plus qu'ordinaire, la minuscule **Cova Fumada** (☎93 221 40 61 ; Carrer del Baluard 56 ; tapas 4-8 € ; ⏲9h-15h20 lun-mer, 9h-15h20 et 18h-20h15 jeu-ven, 9h-13h sam ; Ⓜ Barceloneta) ne désemplit pas. Son secret ? D'irrésistibles tapas cuisinées à la perfection dans la petite cuisine ouverte.

❻ Ambiance de marché
Situé en plein cœur du quartier dans une halle moderne de verre et d'acier, le **Mercat de la Barceloneta** (☎93 221 64 71 ; www.mercatdelabarceloneta.com ; Plaça de la Font 1 ; ⏲7h-15h lun-jeu et sam, 7h-20h ven ; Ⓜ Barceloneta) abrite les habituels stands de légumes et de poissons frais, ainsi que le restaurant El Guindilla, idéal pour manger assis. De l'autre côté de la rue, **Baluard Barceloneta** est l'une des meilleures boulangeries de la ville.

❼ Bar emblématique
Au **Bar Leo** (Carrer de Sant Carles 34 ; ⏲12h-21h30 ; Ⓜ Barceloneta), un troquet aux murs recouverts d'images de Bambino, célèbre chanteur andalou défunt, le juke-box joue principalement du flamenco. Clientèle jeune et presque intégralement *barcelonin*.

❽ Les plages de Barcelone
Ce ne sont pas les plus belles plages sur terre, mais ici vous êtes à deux pas de la ville la plus cool du monde. La **Platja de Sant Sebastià**, la plus proche de la Barceloneta, et la **Platja de la Barceloneta** sont toutes deux larges et agréables.

❾ Un port olympique
Une promenade ombragée de 1,25 km longe le front de mer jusqu'à la marina de **Port Olímpic**, bordée de restaurants. En arrivant de la Barceloneta, la sculpture du *Peix* (poisson) géant de Frank Gehry attire l'œil. Au nord se trouve l'agréable **Platja de Nova Icària**.

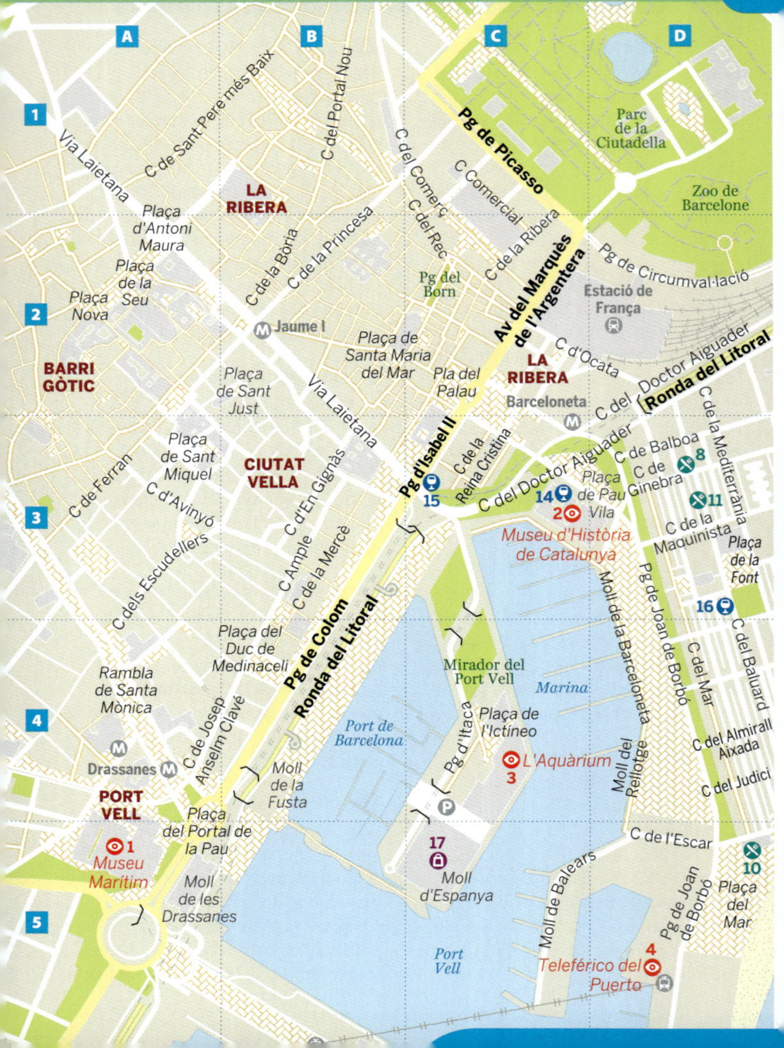
A
B
C
D
1
2
3
4
5
Via Laietana
C de Sant Pere més Baix
C del Portal Nou
LA RIBERA
Plaça d'Antoni Maura
Plaça de la Seu
Plaça Nova
C de la Bória
C de la Princesa
C del Comerç
C del Rec
C Comercial
Pg de Picasso
Parc de la Ciutadella
Zoo de Barcelone
C de la Ribera
Av del Marquès de l'Argentera
Pg de Circumval·lació
Estació de França
Pg del Born
Jaume I
BARRI GÒTIC
Plaça de Santa Maria del Mar
Pla del Palau
LA RIBERA
C d'Ocata
C del Doctor Aiguader
Ronda del Litoral
Plaça de Sant Just
Via Laietana
Barceloneta
C de la Mediterrània
Plaça de Sant Miquel
CIUTAT VELLA
Pg d'Isabel II
C de la Reina Cristina
C del Doctor Aiguader
C de Balboa
C de Ginebra
8
11
C de Ferran
C d'Avinyó
C d'En Gignàs
15
14
Plaça de Pau Vila
2
Museu d'Història de Catalunya
C de la Maquinista
Plaça de la Font
C dels Escudellers
C Ample
C de la Mercè
Moll de la Barceloneta
Pg de Joan de Borbó
16
C del Mar
C del Baluard
Plaça del Duc de Medinaceli
Pg de Colom
Ronda del Litoral
Mirador del Port Vell
Marina
Rambla de Santa Mònica
C de Josep Anselm Clavé
Port de Barcelona
Pg d'Itaca
Plaça de l'Ictíneo
L'Aquàrium
3
Moll del Rellotge
C del Almirall Aixada
C del Judici
Drassanes
PORT VELL
Moll de la Fusta
Plaça del Portal de la Pau
1
Museu Marítim
17
Moll d'Espanya
C de l'Escar
10
Moll de les Drassanes
Moll de Balears
Pg de Joan de Borbó
Plaça del Mar
Port Vell
4
Teleférico del Puerto

E
F
G
H
1
2
3
4
5
C de Wellington
Universitat Pompeu Fabra
Parc de Carles I
C de Moscou
Ciutadella Vila Olímpica
Pg de Circumval·lació
Ronda del Litoral
Av del Litoral
C de Salvador Espriu
Av del Litoral
Plaça dels Voluntaris
C de Ramon Trias Fargas
C de Trelawny
C de la Marina
Moll de Mestral
Moll de Gregal
Port Olímpic
Pg de Salvat Papasseit
Parc de la Barceloneta
Pg Marítim de la Barceloneta
Platja de la Barceloneta
C d'Andrea Dòria
LA BARCELONETA
C de Guitert
C de Sant Carles
C de l'Almirall Cervera
Platja de Sant Sebastià
Molokai SUP Center
Platja de Sant Miquel
Mer Méditerranée
0
400 m
Nos adresses
Voir p. 82
Se restaurer p. 84
Prendre un verre p. 86
Shopping p. 87

Voir

Museu Marítim

MUSÉE

1 Plan p. 80, A5

Ce musée occupe l'imposant bâtiment gothique des chantiers navals, vestige de l'époque où Barcelone était au centre d'un empire maritime. Parmi les pièces maîtresses figurent une réplique grandeur nature des années 1970 du vaisseau amiral de don Juan d'Autriche (XVIe siècle), des bateaux de pêche, de vieilles cartes de navigation et des dioramas du front de mer. (93 342 99 20 ; www.mmb.cat ; Avinguda de les Drassanes ; adulte/enfant 7/3,50 €, gratuit dim 15h-20h ; 10h-20h ; M Drassanes)

Museu d'Història de Catalunya

MUSÉE

2 Plan p. 80, C3

Installé dans le **Palau de Mar**, ce musée fascinant retrace 2 000 ans d'histoire catalane, de l'âge de pierre au début des années 1980, grâce à un ensemble fourni de dioramas, d'objets anciens, de vidéos, de maquettes, de documents et d'éléments interactifs. Explications en catalan et en espagnol. (93 225 47 00 ; www.mhcat.net ; Plaça de Pau Vila 3 ; adulte/enfant 4,50/3,50 €, gratuit dernier mar du mois oct-juin ; 10h-19h mar et jeu-sam, 10h-20h mer, 10h-14h30 dim ; M Barceloneta)

L'Aquàrium

AQUARIUM

3 Plan p. 80, C4

Difficile de ne pas frémir à la vue d'un requin passant la gueule ouverte au-dessus de sa tête. Cet aquarium parmi les plus grands d'Europe a pour attraction principale son tunnel aux requins, long de 80 m. Il abrite aussi la plus belle collection méditerranéenne au monde et quantité de poissons colorés issus de la mer Rouge, des Caraïbes ou encore de la Grande Barrière de corail. Au total, quelque 11 000 poissons (dont une douzaine de requins) issus de 450 espèces résident ici. (93 221 74 74 ; www.aquariumbcn.com ; Moll d'Espanya ; adulte/enfant 20/15 €, plongée 300 € ; 10h-20h, 10h-21h30 juil-août, 10h-21h sept-juin ; M Drassanes)

À savoir

Balade sur le front de mer

Longue de 4 km de la Barceloneta au parc del Fòrum, la piste cyclable du front de mer constitue une agréable promenade jalonnée de cafés et de restaurants en plein air. Nombreux loueurs de vélos. Citons notamment **BarcelonaBiking.com** (plan p. 80, A3 ; 65 635 63 00 ; www.barcelonabiking.com ; Baixada de Sant Miquel 6 ; location de vélo 1 heure/1 j 5/15 €, circuit guidé 21 € ; 10h-20h, circuit guidé 11h ; M Jaume I, Liceu), dans le Barri Gòtic, et **My Beautiful Parking** (plan p. 80, B2 ; 93 186 73 65 ; www.mybeautifulparking.com ; Carrer de la Bòria 17 ; location de vélo heure/jour 5/14 € ; 10h-15h et 16h30-20h ; M Jaume I), à la Ribera.

Teleférico del Puerto TÉLÉPHÉRIQUE

4 Plan p. 80, D5

Ce téléphérique suspendu entre le port et Montjuïc ménage un panorama spectaculaire sur la ville. Les cabines circulent entre la Torre de Sant Sebastià (Barceloneta) et Miramar (Montjuïc), avec un arrêt à mi-chemin à la Torre de Jaume I, en face du World Trade Center. Le restaurant Torre d'Alta Mar trône en haut de la Torre de Sant Sebastià (www.telefericodebarcelona.com ; Passeig Escullera ; aller/aller-retour 11/16,50 € ; 11h-19h mars-oct, 11h-17h30 nov-fév ; 17, 39 ou 64, M Barceloneta)

Molokai SUP Center SPORTS NAUTIQUES

5 Plan p. 80, E4

Ce spécialiste reconnu de stand-up paddle (SUP) dispense des cours de 2 heures pour niveaux débutant ou bien intermédiaire et avancé afin d'améliorer votre technique. Le prix des cours inclut le matériel et la combinaison. Si vous vous contentez de louer une planche, il vous conduira à la mer en moins de deux. (93 221 48 68 ; www.molokaisupcenter.com ; Carrer de Meer 39 ; cours de 2 heures 55 €, location de stand-up paddle 15 €/heure ; M Barceloneta)

Le musée maritime

100% barcelonais

Art en bord de mer

L'étonnante sculpture *Homenatge a la Barceloneta* de l'Américaine Rebecca Horn est un empilement de cubes de métal rouillé et de verre qui se dresse sur la Platja de Sant Sebastià. Érigée en 1992, elle rend hommage aux bars et aux restaurants de plage disparus à l'époque des Jeux olympiques : elle a donc gagné le respect des anciens du quartier, même des plus grincheux.

Se restaurer

El Filferro

TAPAS €

6 Plan p. 80, E3

L'une des rares tables de la Barceloneta qui snobe le poisson, mais dont les tapas, *bocadillos* (sandwichs), salades et pâtes d'un bon rapport qualité/prix séduisent une clientèle d'habitués. La salle au mobilier hétéroclite et à l'éclairage chaleureux se double d'une terrasse sur la place, prisée des familles pour sa proximité avec une aire de jeux. (93 221 98 36 ; Carrer de Sant Carles 29 ; tapas 5-7 €, plats 8-13 € ; 10h-1h mar-dim ; ; M Barceloneta)

Guingueta de la Barceloneta

ESPAGNOL €

7 Plan p. 80, E4

Cette paillote de plage appartient à l'empire gastronomique de Carles Abellan. Bien qu'on y serve aussi des en-cas, sandwichs et salades, l'adresse vaut surtout pour les cocktails (environ 11 €) et la vue sur la mer. (Platja de Sant Sebastià ; sandwichs 6-12 € ; 9h-0h mars-nov ; M Barceloneta)

Jai-Ca

POISSON €

8 Plan p. 80, D3

Grâce à ses crevettes grillées, ses anchois savoureux, son poulpe délicat, ses succulents couteaux et ses autres spécialités de la mer, le Jai-Ca attire une clientèle qui augmente au fil de la soirée. Après une journée sur la plage, on apprécie le *turbio* (vin blanc galicien), la sangria et les bières fraîches à la pression. (93 268 32 65 ; Carrer de Ginebra 13 ; tapas 4-7 € ; 9h-23h30 lun-sam ; M Barceloneta)

El Ben Plantat

INTERNATIONAL €

9 Plan p. 80, E3

Idéal pour varier les plaisirs, la carte composée de petites assiettes comprend de bonnes options végétariennes (houmous, guacamole et chips, terrine de tofu, champignons farcis marinés). Formules midi à 9 € (semaine) – falafels maison, saucisse et ratatouille, croquettes aux légumes. (93 624 38 32 ; Carrer de Sant Carles 21 ; tapas 5-10 € ; 11h-23h mer-lun ; ; M Barceloneta)

Kaiku

POISSON €€

10 Plan p. 80, D5

Sur le front de mer à l'extrémité sud de Barceloneta, Kaiku jouit d'une solide réputation pour ses assiettes de fruits de mer originales, dont les produits appétissants proviennent du marché

Comprendre

Le destin changeant de la Catalogne

L'identité catalane revêt de multiples facettes, mais ce sont surtout les triomphes collectifs et les souffrances partagées du passé tumultueux de la région qui unissent les Catalans.

L'âge d'or catalan commença au début du XIIe siècle lorsque Raimond Bérenger III, qui contrôlait déjà la Catalogne et certaines parties du sud de la France, lança la première flotte navale de la région. En 1137, son successeur, Raimond Bérenger IV, fut promis à l'héritière du trône d'Aragon, offrant ainsi assez de pouvoir à la Catalogne pour étendre son empire dans la Méditerranée. À la fin du XIIIe siècle, la Catalogne dominait jusqu'aux îles Baléares et s'était considérablement enrichie grâce au commerce maritime.

Mais cela ne dura pas longtemps ; le déclin du commerce et les conflits extérieurs l'affaiblirent. Lorsque Ferdinand devint roi d'Aragon en 1479 et épousa Isabelle de Castille, la Catalogne devint une province de Castille. Après avoir choisi le mauvais camp dans la guerre de Succession d'Espagne (1702-1713), Barcelone se révolta contre la couronne espagnole dont l'armée assiégea la ville entre mars 1713 et le 11 septembre 1714. Victorieux, Philippe V abolit l'autonomie catalane, construisit une énorme forteresse (la Ciutadella) pour surveiller la ville, interdit l'écriture et l'enseignement du catalan, et confia les colonies catalanes à d'autres puissances européennes.

Le commerce reprit pour Barcelone au cours des siècles suivants, et au tournant du XXe siècle, une plus grande autonomie fut réclamée pour accompagner le pouvoir économique croissant de la ville. Cependant, après la victoire du général Francisco Franco en 1939, les franquistes catalans et l'armée du dictateur exécutèrent, au cours de purges, plus de 35 000 personnes, dont la plupart étaient ou passaient pour anti-Franco. Au fil du temps, l'usage du catalan fut interdit dans les lieux publics, tous les noms de rues et de villes furent transcrits en castillan, seule langue désormais autorisée à l'école et dans les médias. Les lieutenants de Franco contrôlèrent la ville jusqu'à sa mort en 1975 et le sentiment d'injustice à Barcelone perdure, bien qu'il soit aujourd'hui dirigé vers le gouvernement central madrilène. La fierté d'être catalan n'a jamais été aussi exacerbée et la question de l'indépendance de la région domine plus que jamais le débat et l'agenda politiques.

au poisson voisin. Au menu : langoustines à la menthe, carpaccio d'espadon à l'avocat et aux tomates séchées, thon au piment rouge, pomme verte et champignons, et plats de riz pour deux remarquables. (☎93 221 90 82 ; www.restaurantkaiku.cat ; Plaça del Mar 1 ; plats pour 2 pers 28-36 € ; ⌚13h-15h30 19h-22h30 mar-dim ; Ⓜ Barceloneta)

Can Maño

ESPAGNOL €

11 Plan p. 80, D3

Malgré un cadre des plus ordinaires, il n'est pas rare de devoir attendre avant de pouvoir s'attabler au coude-à-coude pour savourer, dans une ambiance très bruyante, des *raciones* (tapas servies à l'assiette ; affichées sur un tableau au fond) autour d'une bouteille de *turbio*. Les fruits de mer abondent, avec des calamars, crevettes et poissons de premier choix à prix imbattable. (Carrer del Baluard 12 ; plats 8-14 € ; ⌚9h-16h mar-sam et 20h-23h lun-ven ; Ⓜ Barceloneta)

100% barcelonais

Bars de plage

De fin avril à octobre, les *chiringuitos* (bars en plein air) reprennent du service sur la plage, apportant un petit air de tropique en proposant musique, cocktails et ambiance détendue. On y sert aussi d'excellents en-cas, voire parfois des menus complets. Quel meilleur cadre pour récupérer de sa journée que la vue des vagues léchant le rivage ?

Barraca

POISSON €€€

12 Plan p. 80, E4

Ce restaurant animé jouit d'un emplacement idéal face au large – ce qui ne fait que rehausser l'excellence des plats. Commencez par une cocotte de palourdes, coques et moules au piment à faire suivre d'une sublime paella ou d'un autre plat de riz, leur spécialité. (☎93 224 12 53 ; www.barraca-barcelona.com ; Passeig Maritim de la Barceloneta 1 ; plats 19-24 € ; ⌚13h-23h30 dim-jeu, 13h-1h ven-sam ; Ⓜ Barceloneta)

Prendre un verre

Absenta

BAR

13 Plan p. 80, E3

La fée verte est prise très au sérieux dans ce bar insolite décoré de peintures anciennes, de lampes vintage et de sculptures étranges (femme-papillon, écrans de télévision peints). Optez pour le vermouth de la maison ou pour l'une des nombreuses absinthes proposées. Attention toutefois, car ces dernières contiennent entre 50 et 90% d'alcool ! (Carrer de Sant Carles 36 ; ⌚19h-1h mar-mer, 11h-1h jeu-lun ; Ⓜ Barceloneta)

BlackLab

MICROBRASSERIE

14 Plan p. 80, C3

La première brasserie de Barcelone a ouvert en 2014 dans le cadre historique du Palau de Mar. Avec 20 bières à la pression (18 fabriquées sur place, dont des variétés saisonnières, des IPA doubles et des *dry stouts*), il s'agit d'une

100% barcelonais

Marchés du front de mer

Les amateurs d'art, d'artisanat et d'antiquités ne manqueront pas ces marchés du week-end. Tout au bout de la Rambla, le petit **Mercat Port Antic** (plan p. 80, A5 ; Plaça del Portal de la Pau ; 10h-20h sam-dim ; M Drassanes) propose photos, cadres, tableaux, disques, appareils photo, jouets anciens et toutes sortes de curiosités et de vieux objets. À la **Feria de Artesanía del Palau de Mar** (Moll del Dipòsit ; 11h-20h30 sam-dim ; M Barceloneta), près du Palau de Mar, vous trouverez des objets artisanaux tels que bijoux, vêtements et souvenirs. La Rambla de Mar, exclusivement piétonnière, mène au **Mercado de Pintores** (carte p. 80, C4 ; Passeig d'Ítaca ; 10h-20h sam-dim ; M Drassanes), où des peintres locaux vendent leurs œuvres.

grosse affaire où les maîtres brasseurs expérimentent sans cesse de nouvelles saveurs. (93 221 83 60 ; www.blacklab.es ; Plaça Pau Vila 1 ; 13h-1h ; M Barceloneta)

The Mint

BAR À COCKTAILS

15 Plan p. 80, C3

Baptisé ainsi en hommage au mojito, son cocktail phare, "La Menthe" s'adresse à tout le monde. Installez-vous à l'étage avec les grands pour siroter les excellents gins aromatisés de la maison (plus de 20 sortes, dont des mélanges originaux tels que citronnelle-piment de Jamaïque) ou rejoignez la jeunesse dans les caves en brique voûtées où lumières rouges et rythmes entraînants créent une ambiance plus festive. (647 737707 ; Passeig d'Isabel II, 4 ; 19h30-2h30 ; M Barceloneta)

Ké?

BAR

16 Plan p. 80, D3

Ce petit bar bohème tenu par un sympathique Hollandais attire un public varié et enjoué. Prenez place sur un fût molletonné ou dans l'un des vieux fauteuils du fond et joignez-vous à la conversation animée, perceptible depuis la rue. Tables en terrasse l'été, tout près du marché de la Barceloneta. (Carrer del Baluard 54 ; 12h-2h ; M Barceloneta)

Shopping

Maremàgnum

CENTRE COMMERCIAL

17 Plan p. 80, C5

Construit sur une partie des quais largement laissée à l'abandon, ce centre commercial, avec ses bars, restaurants et cinémas, constitue un lieu de promenade agréable en plein milieu du vieux port. On y trouve les marques habituelles, dont la chaîne espagnole Mango, le géant H&M et l'attrayante enseigne de prêt-à-porter barcelonaise Desigual. Les fans de foot apprécieront les innombrables articles de la FC Botiga. (93 225 81 00 ; www.maremagnum.es ; Moll d'Espanya 5 ; 10h-22h ; M Drassanes)

Explorer

Le Passeig de Gràcia et l'Eixample

Divisé en deux par le monumental Passeig de Gràcia, l'Eixample est le pendant sophistiqué de la vieille ville. Le modernisme y a laissé une grande empreinte et on y trouve certains des monuments barcelonais les plus emblématiques. Boutiques élégantes, superbes restaurants et vie nocturne animée, tout concorde pour faire de l'Eixample l'un des quartiers les plus intéressants de Barcelone.

L'essentiel en un jour

La **Casa Batlló** (p. 92) et la **Pedrera** (p. 90) se visitent tôt pour éviter les longues files d'attente. Deux heures sont vite passées dans chacun des sites si l'on s'attarde sur leurs curieux et merveilleux détails, ce qui laisse juste le temps pour admirer la **Casa Amatller** (p. 98) et faire le point sur l'art contemporain à la **Fundació Antoni Tàpies** (p. 99).

Loin des musées, accordez-vous un festin de tapas créatives au **Tapas 24** (p. 101) de Carles Abellan, suivi d'une séance de lèche-vitrines le long de l'élégant Passeig de Gràcia. L'après-midi se terminera au **Museu del Modernisme de Barcelona** (p. 100).

L'Eixample se prête aux longues nuits agitées, mais pour une dernière touche de modernisme, dînez d'abord au **Casa Calvet** (p. 104) pour ainsi profiter de l'intérieur conçu par Gaudí. **Les Gens que J'Aime** (p. 105) est parfait pour poursuivre la soirée, à l'instar du **Dry Martini** (p. 105). Terminez la nuit au son des concerts de salsa de l'**Antilla BCN** (p. 105).

Voir p. 94 pour une journée shopping 100% barcelonaise dans l'Eixample.

Les incontournables

La Pedrera (p. 90)

La Casa Batlló (p. 92)

100% barcelonais

Shopping dans le Quadrat d'Or (p. 94)

Le meilleur du quartier

Tapas

Cata 1.81 (p. 102)

Tapas 24 (p. 101)

Bars

Dry Martini (p. 105)

Les Gens que J'Aime (p. 105)

Monvínic (p. 95)

Comment y aller

Métro Passeig de Gràcia (lignes 2, 3 et 4) et Diagonal (lignes 3, 5 et 7) sont au cœur de l'Eixample.

Métro Les stations Catalunya, Universitat, Hospital Clínic, Verdaguer et Girona entourent l'Eixample.

FGC Gares de Provença et de Passeig de Gràcia.

Les incontournables
La Pedrera

C'est l'un des plus beaux édifices modernistes du Passeig de Gràcia, et même de Barcelone. Officiellement appelé Casa Milà, du nom de ses propriétaires, mais surnommé la Pedrera (la carrière) par les habitants perplexes qui suivaient sa construction entre 1906 et 1912, l'édifice compte parmi les trois réalisations les plus importantes de Gaudí. Dans cet immeuble, l'approche de l'espace et de la lumière ainsi que la limite floue entre décoration et fonctionnalité font preuve d'une originalité époustouflante.

Plan p. 96, D2

www.lapedrera.com

Passeig de Gràcia 92

Tarif plein/réduit/
- de 13 ans/- de 7 ans
20,50/16,50/10,25 €/gratuit

9h-20h30 mars-oct,
9h-18h30 nov-fév

M Diagonal

Terrasse sur le toit, la Pedrera

À ne pas manquer

La façade

La nature compte parmi les influences les plus fortes sur l'œuvre de Gaudí. La façade de pierre grise ondulante de la Pedrera évoque une falaise sculptée par les vagues et le vent, un effet d'ondulation amplifié par les balcons travaillés en fer forgé qui rappellent les algues rejetées sur le rivage.

La terrasse sur le toit

L'association par Gaudí de formes espiègles et d'une fonctionnalité ingénieuse est flagrante sur le toit. Cheminées, cages d'escalier et bouches d'aération tournoient au sommet de la structure ondoyante, tels des chevaliers géants. Certaines sont nues, d'autres recouvertes de *trencadís* (fragments de céramique) et d'éclats de bouteilles de *cava*. Les profondes cours, traitées par Gaudí comme des façades intérieures, inondent les appartements de lumière.

Espai Gaudí

Avec 270 gracieux arcs paraboliques, l'Espai Gaudí semble être la cage thoracique fossilisée d'une énorme bête préhistorique. À un endroit, 12 arcs convergent pour former un palmier. Observez l'étrange effet d'optique du miroir et de la sculpture suspendue du côté est.

El Pis de la Pedrera

Sous le grenier s'étend l'appartement de la Pedrera. Baigné d'une lumière homogène, ondulant au gré des courbes de l'édifice, l'appartement dédaléen reflète la vision de Gaudí du foyer parfait. Comme une invitation à la flexibilité, celui-ci ne compte aucun mur porteur : les cloisons intérieures pouvaient donc être déplacées selon les besoins des habitants.

À savoir

- La Pedrera attire du monde ; achetez vos billets sur Internet et arrivez dès l'ouverture.
- Des visites guidées nocturnes (sur réservation) dévoilent la face cachée de la Pedrera et se concluent avec un verre de *cava*.
- Le vendredi et le samedi, de mi-juin à début septembre, des concerts en plein air ont lieu sur le toit.

Une petite faim ?

Non loin à l'ouest de la Pedrera, la **Bodegueta Provença** (plan p. 96, C2 ; ☎9 215 17 25 ; www.labodegueta.cat ; Carrer de Provença 233 ; plats 9-19 €, tapas 6-14 € ; 7h-1h lun-ven, 9h-1h sam, 13h-0h dim ; wifi ; M Diagonal) est idéale pour déguster tapas et vin (servi au verre) de qualité. Parfaite à toute heure (café et croissants, tapas), la Cerveseria Catalana (p. 101) se situe deux rues plus au sud, près de la Rambla de Catalunya.

Les incontournables
La Casa Batlló

Si la Sagrada Família est la symphonie de Gaudí, la Casa Batlló est sa valse fantasque, ainsi que l'un des produits les plus étranges de son imagination fertile. Du génie espiègle de sa façade aux jeux de lumières et formes architecturales révolutionnaires (les lignes droites sont rares), cet immeuble, construit pour attirer les regards, est l'un des plus beaux édifices dans cette ville où la concurrence est féroce.

Plan p. 96, E3

www.casabatllo.es

Passeig de Gràcia 43

Tarif plein/réduit/- de 7 ans 22,50/19,50 €/gratuit

9h-21h, dernière entrée 20h

M Passeig de Gràcia

Façade de la Casa Batlló

À ne pas manquer

La façade

Pour Salvador Dalí, elle ressemblait à des “nuages du crépuscule sur l’eau”. D’autres y voient une ressemblance avec le chef-d’œuvre impressionniste de Monet, *Les Nymphéas*. Attisant l’imagination, la façade de la Casa Batlló, délicate et fantasque, est ponctuée de fragments de céramique bleus, mauves et verts, de cadres de fenêtres ondoyants et de balcons en forme de masque.

La Sala Principal

L’escalier conduit au 1er étage, où le grand salon semble tournoyer : le plafond s’enroule dans un tourbillon autour de son lustre aux airs de soleil ; tandis que portes, fenêtres et lucarnes forment des vagues toutes de bois et de verre coloré aux formes de mollusques. La baie vitrée qui donne sur le Passeig de Gràcia couvre sa longueur et apporte un extraordinaire sentiment de lumière et d’espace.

La terrasse arrière

S’ouvrant sur une vaste cour de l’Eixample, la terrasse arrière de la Casa Batlló ressemble à un minuscule jardin onirique. Les pots de fleurs ont des formes étranges et l’accumulation des *trencadís* (fragments de céramique) – quelque 330 éclats recouvrent la façade postérieure – fait l’effet d’un kaléidoscope.

Le toit

Le toit, avec sa cheminée torsadée si caractéristique des constructions de Gaudí, est le clou de l’édifice. L’extrémité est représente Sant Jordi (saint Georges) et le dragon ; la Casa Batlló est surnommée *casa del drac* (maison du dragon) par les Barcelonais. Les courbes incessantes de tuiles colorées donnent un aspect vivant à l’immeuble.

À savoir

- L’attente est souvent longue à l’entrée ; achetez vos billets sur Internet et arrivez tôt le matin.
- La Casa Batlló ferme à 21h, mais la vente des billets s’arrête à 20h.
- Même si vous l’avez déjà visitée, retournez-y après le coucher du soleil pour admirer la façade magnifiquement éclairée.

Une petite faim ?

Deux pâtés de maisons plus bas, de l’autre côté du Passeig de Gràcia, Tapas 24 (p. 101) est l’un des bars à tapas les plus originaux de Barcelone.

Non loin au sud-ouest de la Casa Batlló, Monvínic (p. 95) possède un choix de vins inégalé, ainsi que de savoureuses assiettes à partager.

100% barcelonais
Shopping dans le Quadrat d'Or

Pendant que les visiteurs profitent des sites touristiques de l'Eixample, les Barcelonais, eux, font du shopping dans le Quadrat d'Or, ces rues en damier situées de part et d'autre du Passeig de Gràcia. Là se trouve le Barcelone ultratendance. Tous les grands noms se côtoient, aux côtés de boutiques de créateurs locaux qui saisissent l'essence du Barcelone branché.

❶ Nouvelles tendances

Vous pourriez passer toute une journée sur le Passeig de Gràcia, mais écartez-vous en un moment pour rejoindre **Lurdes Bergada** (☎93 218 48 51 ; www.lurdesbergada.es ; Rambla de Catalunya 112 ; ⏲10h30-20h30 lun-sam ; Ⓜ Diagonal), l'une des boutiques barcelonaises de Lurdes Bergada et Syngman Cucala, une mère et son fils, tous deux créateurs.

Les élégantes lignes masculines et féminines, en fibres naturelles, ont leurs fidèles.

2 Pause gourmande

Peu de pâtisseries peuvent se vanter d'être aussi anciennes que **Mauri** (☎93 215 10 20 ; www.pasteleriasmauri.com ; Rambla de Catalunya 102 ; pâtisseries à partir de 3,50 € ; ⏲9h-0h lun-sam, 9h-16h dim ; Ⓜ Diagonal). La salle somptueuse comporte une fresque datant des débuts de l'établissement en 1929. Ses croissants et ses *ensaïmadas* (brioches espagnoles) légères frisent la perfection.

3 Bijouterie moderniste

Chez **Bagués-Masriera** (☎93 216 01 74 ; www.bagues-masriera.com ; Passeig de Gràcia 41 ; ⏲10h-20h30 lun-ven, 10h-13h30 et 17h-20h30 sam ; Ⓜ Passeig de Gràcia), authentique institution de la bijouterie, on façonne les pierres précieuses et on travaille les métaux depuis le XIXe siècle, donnant naissance à des classiques marqués par le modernisme. Le personnel peut paraître froid, mais c'est de la courtoisie à l'ancienne.

4 Mode de luxe

Outre ses célèbres sacs à main et autres bagages en cuir souple et coloré, la marque **Loewe** (☎93 216 04 00 ; www.loewe.com ; Passeig de Gràcia 35 ; ⏲10h-20h30 lun-sam ; Ⓜ Passeig de Gràcia) propose une sélection de vêtements pour hommes et femmes, ainsi que des accessoires superbement tendance – et onéreux. La boutique, dans la **Casa Lleó Morera** (p. 98), mérite à elle seule le détour pour ses détails déco de l'architecte catalan Domènech i Montaner.

5 Dites-le avec du chocolat

Temple moderne et raffiné du chocolat, **Cacao Sampaka** (☎93 272 08 33 ; www.cacaosampaka.com ; Carrer del Consell de Cent 292 ; ⏲9h-21h lun-sam ; Ⓜ Passeig de Gràcia) fait à la fois boutique et café. C'est l'endroit rêvé pour choisir plein de cadeaux à rapporter. Composez votre joli coffret-cadeau parmi la multitude de parfums (romarin ? ou curry peut-être ?) en plaques ou en mignardises.

6 Bons vins

Pour un souvenir haut de gamme, direction **Monvínic** (☎93 272 61 87 ; www.monvinic.com ; Carrer de la Diputació 249 ; ⏲ 13h-23h mar-ven, 19h-23h lun et sam ; Ⓜ Passeig de Gràcia), palais du vin ultramoderne comptant dans sa cave plus de 3 000 crus, dont de véritables raretés. Faites une dégustation au bar avant d'acheter et demandez un paquet cadeau.

7 Un moment de détente

Le Cosmo (www.galeriacosmo.com ; Carrer d'Enric Granados 3 ; ⏲10h-22h dim-mer, 10h-23h jeu, 10h-0h ven-sam ; Ⓜ Universitat) est un endroit immense, blanc et lumineux dont les hauts murs accueillent des expositions colorées. Bon choix de thés, gâteaux et en-cas. Situé dans une agréable rue piétonne, c'est le lieu idéal pour prendre un verre en soirée, dedans ou dehors.

A
B
C
D
1
2
3
4
5
C d'Alfons XII
Travessera de Gràcia
C d'Aribau
C de Tuset
C de Moià
Via Augusta
Plaça de Narcís Oller
C de Sèneca
C de Bonavista
Plaça de Joan Carles I
C de Còrsega
15
Palau del Baró Quadras
5
C de Pau Claris
Diagonal
Fundació Suñol
9
La Pedrera
Diagonal
Pg de Gràcia
Av Diagonal
C d'Enric Granados
C de Balmes
C del Rosselló
Provença
Rambla de Catalunya
22
L'ESQUERRA DE L'EIXAMPLE
13
29
4
Fundació Antoni Tàpies
C de Londres
C de París
C de Casanova
C de Còrsega
C de Villarroel
C d'Aribau
C de Mallorca
C d'Aragó
Plaça del Doctor Ferrer Cajigal
C de Muntaner
Plaça del Doctor Letamendi
Museu del Modernisme Barcelona
8
C de Provença
17
18
20
C d'Enric Granados
Hospital Clínic
C de Casanova
19
23
Universitat de Barcelona
C del Rosselló
C del Comte d'Urgell
C de València
C de Villarroel
C de la Diputació
Plaça de la Universitat
Av de Roma
C de Casanova
C del Consell de Cent
24
C d'Aragó
Gran Via de les Corts Catalanes
C de Sepúlveda
Ronda de Sant Antoni
C del Comte Borrell
10
11
Urgell
Nos adresses
Les incontournables p. 90
Voir p. 98
Se restaurer p. 101
Prendre un verre p. 105
Shopping p. 106

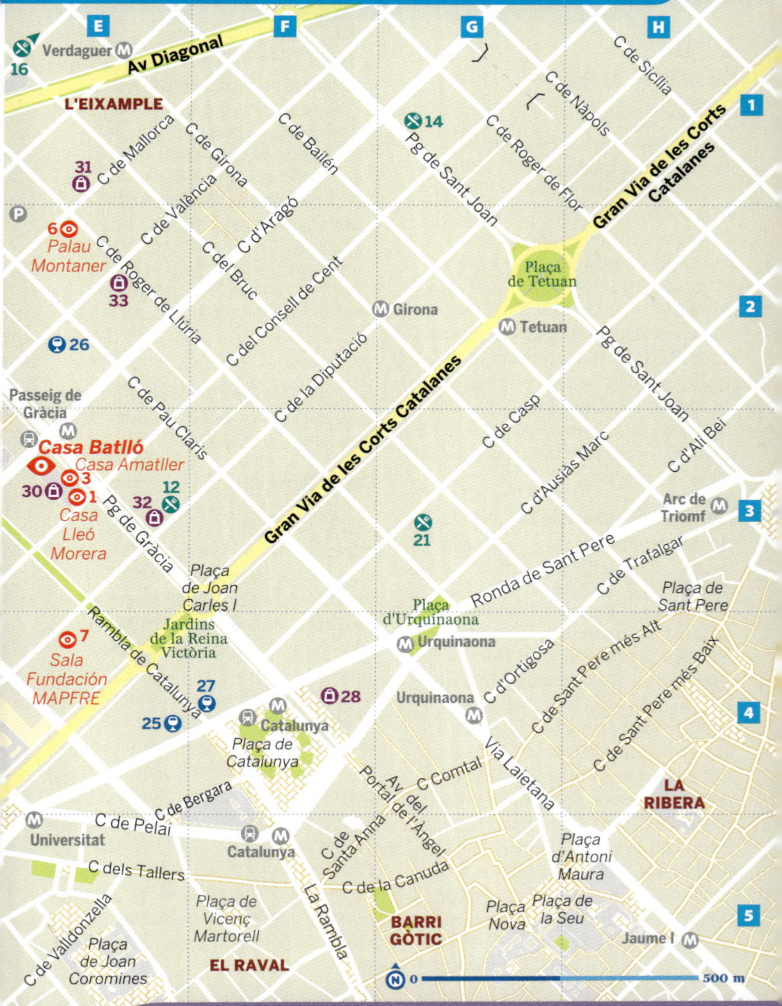
E
F
G
H
1
2
3
4
5
16
Verdaguer
Av Diagonal
L'EIXAMPLE
C de Mallorca
C de Girona
C de Bailén
14
Pg de Sant Joan
C de Roger de Flor
C de Nàpols
C de Sicília
Gran Via de les Corts Catalanes
31
C de València
C d'Aragó
6
Palau Montaner
C de Roger de Llúria
C del Bruc
C del Consell de Cent
33
Plaça de Tetuan
Girona
Tetuan
26
C de la Diputació
Pg de Sant Joan
Passeig de Gràcia
C de Pau Claris
Gran Via de les Corts Catalanes
C de Casp
Casa Batlló
Casa Amatller
3
30
1
12
32
C d'Ausiàs Marc
C d'Alí Bei
Casa Lleó Morera
Pg de Gràcia
21
Arc de Triomf
Plaça de Joan Carles I
Ronda de Sant Pere
C de Trafalgar
Plaça de Sant Pere
Plaça d'Urquinaona
Jardins de la Reina Victòria
7
Sala Fundación MAPFRE
Rambla de Catalunya
Urquinaona
C de Sant Pere més Alt
C d'Ortigosa
C de Sant Pere més Baix
27
28
25
Catalunya
Urquinaona
Plaça de Catalunya
Via Laietana
C Comtal
Av del Portal de l'Àngel
LA RIBERA
C de Bergara
C de Pelai
Universitat
Catalunya
C de Santa Anna
Plaça d'Antoni Maura
C dels Tallers
C de la Canuda
La Rambla
Plaça de Vicenç Martorell
Plaça Nova
Plaça de la Seu
BARRI GÒTIC
Jaume I
C de Valldonzella
Plaça de Joan Coromines
EL RAVAL
0
500 m

Voir

Casa Lleó Morera

ARCHITECTURE

1 Plan p. 96, E3

Avec sa façade ornée de sculptures modernistes et son vestibule carrelé aux motifs floraux, cet édifice réalisé en 1905 par Domènech i Montaner est peut-être le plus sobre des trois bâtiments phares qui composent la Manzana de la Discordia. Avant sa fermeture pour travaux, des visites guidées étaient organisées, notamment du 1er étage, véritable tourbillon de sculptures, de mosaïques bigarrées et de décorations fantasques. (☎93 676 27 33 ; www.casalleomorera.com ; Passeig de Gràcia 35 ; actuellement fermée pour travaux ; Ⓜ Passeig de Gràcia)

Recinte Modernista de Sant Pau

ARCHITECTURE

2 Plan p. 96, B1

Domènech i Montaner s'est surpassé en tant qu'architecte avec l'Hospital de la Santa Creu i de Sant Pau, rebaptisé en 2014 "Recinte Modernista". Longtemps parmi les principaux hôpitaux de Barcelone, ce dernier a été transformé récemment en centres culturels et en bureaux. Le complexe, somptueusement décoré, comprend 16 pavillons tous différents et a été inscrit sur la liste du patrimoine mondial de l'Unesco conjointement au Palau de la Música Catalana (p. 68). (☎93 553 78 01 ; www.santpaubarcelona.org ; Carrer de Sant Antoni Maria Claret 167 ; tarif plein/réduit/- de 16 ans 10/7 €/gratuit ; 🕒10h-18h30 lun-sam, 10h-14h30 dim avr-oct, 10h-16h30 lun-sam, 10h-14h30 dim nov-mars ; Ⓜ Sant Pau/Dos de Maig)

> **À savoir**
>
> **Itinéraire moderniste**
>
> Les voyageurs désireux de découvrir dans le détail les joyaux modernistes de l'Eixample peuvent opter pour la **Ruta del Modernisme** (www.rutadelmodernisme.com ; 12 €), une formule incluant un guide (publié en plusieurs langues) et des réductions pour les principaux sites.

Casa Amatller

ARCHITECTURE

3 Plan p. 96, E3

Alliant cadres de fenêtres gothiques et pignon à redents inspiré de l'architecture néerlandaise, cet édifice construit en 1898 pour le baron du chocolat et philanthrope Antoni Amatller (1851-1910) constitue l'une des plus belles œuvres modernistes de Puig i Cadafalch. La façade principale est ornée de bustes et de reliefs fantasques de dragons, chevaliers et autres personnages. Le hall à colonnes et la cage d'escalier, éclairés par des vitraux, évoquent l'intérieur d'un château romantique. (☎93 461 74 60 ; www.amatller.org ; Passeig de Gràcia 41 ; visite de 1 heure tarif plein/6-12 ans/- de 6 ans 15/7,50 €/gratuit, visite de 30 min 12/7 €/gratuit ; 🕒11h-18h ; Ⓜ Passeig de Gràcia)

Fundació Antoni Tàpies FONDATION

4 Plan p. 96, D3

Dans un bâtiment de 1885 considéré comme un prototype de l'architecture moderniste, la fondation Antoni Tàpies présente sur deux étages l'œuvre ésotérique de ce grand peintre catalan du XXe siècle. Décédé en février 2012 à l'âge de 88 ans, Antoni Tàpies a laissé derrière lui un ensemble percutant de tableaux et une fondation destinée à promouvoir les artistes contemporains. Expositions temporaires au sous-sol. (93 487 03 15 ; www.fundaciotapies.org ; Carrer d'Aragó 255 ; tarif plein/réduit 7/5,60 € ; 10h-19h mar-dim ; M Passeig de Gràcia)

Palau del Baró Quadras ARCHITECTURE

5 Plan p. 96, D1

Construit par Puig i Cadafalch entre 1902 et 1906, ce palais arbore un style exubérant d'influence gothique. Avec sa haute galerie vitrée, la façade principale est remarquable. Notez les gargouilles et les reliefs – le chevalier et les deux poissons à grandes dents rappellent sans conteste les détails architecturaux de la Casa Amatller. L'intérieur, éclectique, est toutefois dominé par des thèmes du Moyen et d'Extrême-Orient. (93 467 80 00 ; www.llull.cat ; Avinguda Diagonal 373 ; gratuit ; 8h-20h lun-ven ; M Diagonal)

La Casa Lleó Morera

100% barcelonais

La Carrer d'Enric Granados

La moitié des Barcelonais aimeraient vivre dans cette rue. L'extrémité piétonne, au niveau de la Carrer de la Diputació, est délimitée par les jardins de l'Universitat de Barcelona. En flânant au pied d'élégants immeubles, vous rejoindrez la Plaça del Doctor Letamendi. De là, la rue se poursuit, accessible aux voitures, jusqu'à l'Avinguda Diagonal (cette extrémité est également piétonne).

Palau Montaner ARCHITECTURE

6 Plan p. 96, E2

Intéressante par sa façade et séduisante par ses jardins, cette création (1896) de Domènech i Montaner recèle aussi un intérieur spectaculaire où sculptures (dont certaines d'Eusebi Arnau), mosaïques et belles boiseries abondent. Un majestueux escalier se déroule sous une imposante verrière. Actuellement accessible uniquement sur visites guidées organisées en catalan par la Fundació Tàpies. (☎93 317 76 52 ; www.fundaciotapies.org ; Carrer de Mallorca 278 ; adulte/enfant 7 €/gratuit ; 🕒visites guidées 11h sam ; Ⓜ Passeig de Gràcia)

Sala Fundación MAPFRE MUSÉE

7 Plan p. 96, E4

Les locaux de l'ex-Fundación Francisco Godia, la superbe Casa Garriga i Nogués, ont été repris fin 2015 par la fondation culturelle de la grande compagnie d'assurances espagnole MAPFRE pour devenir un lieu d'exposition consacré à l'art et la photographie. Soigneusement restaurée, cette résidence de style moderniste avait été construite en 1902-1905 par Enric Sagnier pour une riche famille de banquiers. (☎93 401 26 03 ; www.fundacionmapfre.org ; Carrer de la Diputació 250 ; tarif plein/réduit/- de 6 ans 3/2 €/gratuit ; 🕒14h-20h lun, 10h-20h mar-sam, 11h-19h dim ; Ⓜ Passeig de Gràcia)

Museu del Modernisme de Barcelona MUSÉE

8 Plan p. 96, D4

Dans un édifice moderniste, le rez-de-chaussée de ce musée ressemble à un grand magasin de mobilier. Plusieurs œuvres d'Antoni Gaudí, dont des chaises de la Casa Batlló et un miroir de la Casa Calvet, côtoient des objets signés de contemporains moins célèbres, notamment de fausses pièces médiévales de Puig i Cadafalch. (☎93 272 28 96 ; www.mmbcn.cat ; Carrer de Balmes 48 ; tarif plein/réduit/6-16 ans/- de 6 ans 10/7/5 €/gratuit ; 🕒10h30-19h mar-sam, 10h30-14h dim ; Ⓜ Passeig de Gràcia)

Fundació Suñol GALERIE D'ART

9 Plan p. 96, D2

Un total de 1 200 œuvres, surtout du XXe siècle, constitue les expositions tournantes de cette collection privée, allant de la photographie de Man Ray aux sculptures de Giacometti.

Sur deux étages, elle met à l'honneur les artistes espagnols, de Picasso à Jaume Plensa, ainsi que quelques artistes internationaux. (☎93 496 10 32 ; www.fundaciosunol.org ; Passeig de Gràcia 98 ; tarif plein/réduit 4/3 € ; ⌚11h-14h et 16h-20h lun-ven, 16h-20h sam ; M Diagonal)

Se restaurer

Copasetic

CAFÉ **€**

10 Plan p. 96, C5

Un café sympathique au mobilier rétro, dont la carte satisfait tous les goûts : œufs Bénédicte, gros burgers juteux, tartelettes aux fruits des bois, nombreux plats végétariens, bio et sans gluten, menus déjeuner (mar-ven, 9,50-11 €), super brunch à prix raisonnable le week-end et cocktails pas chers pour les dames le mercredi soir. (☎93 532 76 66 ; www.copaseticbarcelona.com ; Carrer de la Diputació 55 ; plats 8-12 € ; ⌚10h30-0h mar-mer, 10h30-1h jeu, 10h30-2h ven-sam, 10h30-17h30 dim ; ; M Rocafort)

Amaltea

VÉGÉTARIEN **€**

11 Plan p. 96, C5

Le ciel bleu peint au plafond plante le décor de ce restaurant végétarien réputé. Le *menú del día* (8,70-10,70 €) comprend plusieurs plats régulièrement renouvelés avec les saisons. Le menu du soir (11,50-15,50 €) est d'un bon rapport qualité/prix avec de délicieux desserts maison. C'est aussi un lieu culturel alternatif, avec cours de yoga, de tai-chi et de danse du ventre. (☎93 454 86 13 ; www.restauranteamaltea.com ; Carrer de la Diputació 164 ; plats 5-9 € ; ⌚13h-16h et 20h-23h30 lun-sam ; ; M Urgell)

Tapas 24

TAPAS **€€**

12 Plan p. 96, E3

Carles Abellán, du défunt Comerç 24 dans la Ribera, tient ce paradis des tapas où l'on savoure des variantes gastronomiques de classiques indémodables. Entre autres spécialités, citons le *bikini* (un toast jambon cru-fromage-truffe) et le roboratif *arròs negre de sípia* (riz à l'encre de seiche). (☎93 488 09 77 ; www.carlesabellan.com ; Carrer de la Diputació 269 ; tapas 2,20-12 € ; ⌚9h-0h ; ; M Passeig de Gràcia)

Cerveseria Catalana

TAPAS **€€**

13 Plan p. 96, D3

La "Brasserie catalane" convient autant pour le petit-déjeuner, que le déjeuner et le dîner. Allez-y le matin pour un café et un croissant, ou attendez midi pour profiter des nombreux *montaditos* (canapés) et tapas au bar ou dans la salle à l'arrière, à moins que vous ne préfériez la terrasse. La variété de tapas chaudes, salades et autres en-cas attire une clientèle bien mise d'habitants et d'étrangers. (☎93 216 03 68 ; Carrer de Mallorca 236 ; tapas 4-11 € ; ⌚8h-1h30 lun-ven, 9h-1h30 sam et dim ; M Passeig de Gràcia)

Chicha Limoná

MÉDITERRANÉEN **€€**

14 Plan p. 96, G1

Dans le Passeig de Sant Joan, nouveau repaire des branchés à moustache et pantalon cigarette retroussé, ce restaurant animé propose une cuisine

100% barcelonais

Restaurant secret

Un restaurant clandestin se cache derrière le bar Dry Martini (p. 105) : le bien nommé **Speakeasy** (plan p. 96, B2 ; ☎93 217 50 80 ; www.speakeasy-bcn.com ; Carrer d'Aribau 162-166 ; plats 22-28 € ; ⏲13h-16h et 20h-0h lun-sam ; M Diagonal). On vous indiquera une porte permettant d'accéder à la cuisine ouverte puis à l'"entrepôt", salle ornée de centaines de bonnes bouteilles rétroéclairées. Les plats sont alléchants : raviolis aux champignons sauvages et aux langoustines, chevreuil à la purée de patates douces, etc.

de qualité. Poulpe grillé à la gelée de coing, porc à la compote de pommes et tarte Tatin aux poires à la crème figurent parmi les plats renouvelés régulièrement (menu 12,90 €), sans oublier les pizzas maison. (☎93 277 64 03 ; www.chichalimona.com ; Passeig de Sant Joan 80 ; plats 10-16 € ; ⏲9h30-1h mar-jeu, 9h30-2h ven-sam, 9h30-17h dim -lun ; wifi ; M Tetuan)

Entrepanes Díaz

SANDWICHS **€€**

15 Plan p. 96, D1

Un nouveau concept de sandwichs gastronomiques, garnis par exemple de rosbif ou de cochon de lait, et des assiettes de spécialités espagnoles à partager tels oursins et beignets de crevettes, dans un décor de bar à l'ancienne. Le parti pris de n'employer que des professionnels expérimentés de plus de 50 ans assure un service aussi sérieux que charmant. (☎93 415 75 82 ; Carrer de Pau Claris 189 ; sandwichs 6-8 €, salades 12 € ; ⏲13h-0h mar-dim ; M Diagonal)

Can Kenji

JAPONAIS **€€**

16 Plan p. 96, E1

Pour manger japonais à Barcelone, voici l'endroit ad hoc. Le chef de ce petit *izakaya* (taverne nippone) discret achète ses produits frais sur les marchés de la ville et ajoute aux plats traditionnels une touche méditerranéenne. Bref, le meilleur de la cuisine fusion. (☎93 476 18 23 ; www.cankenji.com ; Carrer del Rosselló 325 ; plats 10-14 € ; ⏲13h-15h30 et 20h30-23h ; M Verdaguer)

Cata 1.81

TAPAS **€€**

17 Plan p. 96, C4

Dans un joli cadre, venez déguster du bon vin et des mets délicats comme les *raviolis amb bacallà* (raviolis à la morue) ou la *truita de patates i tòfona negra* (tortilla de pommes de terre délicatement parfumée à la truffe noire). Le mieux est d'opter pour un menu dégustation. (☎93 323 68 18 ; www.cata181.net ; Carrer de València 181 ; tapas 5,50-8 € ; ⏲18h-0h lun-sam ; M Passeig de Gràcia)

Taktika Berri

BASQUE, TAPAS **€€**

18 Plan p. 96, C4

Arrivez de bonne heure, car le bar ne tarde pas à faire le plein de clients

Comprendre

Le modernisme

À la fin du XIXe siècle, Barcelone était en plein essor et sa propension à l'expérimentation d'avant-garde était parfaite pour un groupe d'architectes extrêmement talentueux qui se fit connaître sous le nom de *modernistas*. Antoni Gaudí i Cornet (1852-1926) ouvrit la voie. Il personnifia et transcenda ce mouvement qui apporta une dimension créative nouvelle dans une ville européenne qui sans cela aurait pu être assez banale.

Le style

Le modernisme n'apparut pas qu'à Barcelone. Au Royaume-Uni et en France, ce style prit le nom d'Art nouveau ; les Allemands eux l'appellent Jugendstil (style jeune). Quelle que soit l'appellation, il a pour dénominateur commun ses courbes sensuelles, évoquant le mouvement, la légèreté et la vitalité. Les architectes modernistes s'inspirèrent du passé, notamment des motifs gothiques, mauresques et Renaissance, mais s'en affranchirent pour créer de nouveaux ensembles fascinants.

Les architectes

Gaudí et les deux architectes très talentueux, Lluís Domènech i Montaner (1850-1923) et Josep Puig i Cadafalch (1867-1957), étaient des nationalistes catalans. Ces associations politiques ont leur importance dans la compréhension du modernisme car il devint un moyen d'expression de l'identité catalane ; le style ne toucha presque pas le reste de l'Espagne.

Gaudí s'inspira largement des styles gothiques, mais il chercha aussi à représenter l'harmonie qu'il observait dans la nature. Il exclut les lignes droites au profit des formes des plantes et des pierres. Pour effectuer ses calculs, l'architecte utilisait des modèles complexes de fils à plomb. Son œuvre a dans le même temps une portée spirituelle et une dimension terrestre qu'apportent les mouvements d'ondulation.

Matériaux et décoration

Pierre, brique brute, structures apparentes de fer et d'acier, et une utilisation abondante de vitraux et de céramiques dans la décoration, sont les éléments constitutifs de ce style nouveau. Les architectes modernistes s'en remettaient aux compétences d'artisans héritiers des maîtres de guildes qui avaient assimilé des siècles de savoir-faire. On n'utilisait pas de béton à l'époque. Gaudí en particulier se fiait aux méthodes anciennes et dirigeait même des ateliers dans la Sagrada Família pour les faire perdurer. C'est à cette période que des matériaux nouveaux comme le fer forgé montrèrent leur utilité.

venus engloutir certains des meilleurs *pintxos* de la ville. Soyez réactif, car les bouchées chaudes sont prises d'assaut dès leur sortie de la cuisine. Le soir, il n'y a plus rien à partir de 22h30 environ. (☎93 453 47 59 ; Carrer de València 169 ; tapas à partir de 3, plats 10-32 € ; ⏲13h-16h et 20h30-23h lun-ven, 13h-16h sam ; Wi-Fi ; Ⓜ Hospital Clínic)

Disfrutar

EUROPÉEN MODERNE **€€€**

19 Plan p. 96, B4

Dès ses premiers mois d'existence, Disfrutar s'est hissé en tête de liste des restaurants barcelonais – réservez maintenant, tant qu'il reste possible d'avoir une table. Tenu par des disciples de Ferran Adrià, l'endroit s'inscrit dans la même veine que le fameux El Bulli du pape de la cuisine moléculaire. (☎93 348 68 96 ; www.ca.disfrutarbarcelona.com ; Carrer de Vilarroel 163 ; menus dégustation 75/105/135 € ; ⏲13h-15h et 20h-23h mar-sam ; Ⓜ Hospital Clínic)

Cinc Sentits

INTERNATIONAL **€€€**

20 Plan p. 96, C4

Entrez dans le royaume des "Cinq sens" pour découvrir une formule dégustation époustouflante, constituée d'une série de petits plats expérimentaux pouvant être légèrement modifiés à la demande. Menu déjeuner à 55 €. (☎93 323 94 90 ; www.cincsentits.com ; Carrer d'Aribau 58 ; menus dégustation 100/120 € ; ⏲13h30-15h et 20h30-22h mar-sam ; Ⓜ Passeig de Gràcia)

100% barcelonais

Restaurant écoresponsable

Anciennement appelé Fastvínic, l'espace culinaire du grand caviste mondialement connu **Monvínic** (plan p. 96, E4 ; ☎93 272 61 87 ; www.monvinic.com ; Carrer de la Diputació 249 ; plats 24-32 € ; ⏲13h30-15h30 et 20h-22h30 mar-ven, 20h-22h30 lun et sam ; Ⓜ Passeig de Gràcia) est passé des sandwichs et autres en-cas à des mets plus élaborés, comme la polenta au pigeon et aux champignons sauvages ou la Tatin de betterave. Il s'inscrit dans une démarche de développement durable en utilisant uniquement des matériaux de construction, des ingrédients et des vins originaires de Catalogne.

Casa Calvet

CATALAN **€€€**

21 Plan p. 96, G3

C'est dans une œuvre de jeunesse de Gaudí que s'est installé ce restaurant cossu (à droite de l'entrée principale du bâtiment). Habillez-vous pour la circonstance et prenez place dans l'intimité d'une *taula cabina* (cabine en bois) pour vous régaler par exemple de coquilles Saint-Jacques et de couteaux au pesto et au sarrasin ou de chevreuil dans une sauce aux cèpes et baies de genièvre. (☎93 412 40 12 ; www.casacalvet.es ; Carrer de Casp 48 ; plats 28-31 € ; ⏲13h-15h30 et 20h30-23h lun-sam ; Ⓜ Urquinaona)

Prendre un verre

Dry Martini

BAR

22 Plan p. 94, B2

Des serveurs au sourire complice répondront à vos moindres désirs de cocktails et vous surprendront par leurs excellentes suggestions. Le gin-tonic est servi dans un énorme verre qui pourra vous tenir toute la soirée, mais le Martini, à déguster au bar ou dans un confortable fauteuil vert en cuir, est une valeur sûre. (93 217 50 80 ; www.drymartiniorg.com ; Carrer d'Aribau 162-166 ; 13h-2h30 lun-jeu, 18h-3h ven-sam, 19h-2h30 dim ; M Diagonal)

Napar BCN

BRASSERIE

23 Plan p. 96, D4

La dernière en date des nombreuses microbrasseries barcelonaises sert douze bières à la pression, dont six de sa fabrication (IPA, *pale ale*, brune...), ou en bouteille, le tout dans un cadre étonnant à l'esthétique *steampunk*. Excellente cuisine également pour combler les petits creux. (606 546467 ; www.naparbcn.com ; Carrer de la Diputació 223 ; 17h-0h mar-jeu, 17h-1h ven-sam ; ; M Universitat)

Antilla BCN

CLUB

24 Plan p. 96, B5

Le club de salsa de Barcelone, incontournable pour se déhancher sur des sons cubains – merengue, salsa et bien d'autres. Cours de danse à partir de 20h ou 21h du mardi au vendredi. Consultez le site www.antillaescueladesalsa.com. (93 451 45 64 ; www.antillasalsa.com ; Carrer d'Aragó 141 ; mer-jeu gratuit, ven-sam 10 € ; 22h-5h mer, 23h-5h jeu, 23h-6h ven-sam, 19h-5h dim ; M Urgell)

Milano

BAR À COCKTAILS

25 Plan p. 96, E4

Complètement invisible depuis la rue, ce bar en sous-sol constitue un véritable trésor caché de la vie nocturne barcelonaise. Les banquettes en velours, les meubles vitrés et les serveurs en veste blanche composent un cadre rétro. Concerts occasionnels annoncés sur le site Internet. (93 112 71 50 ; www.camparimilano.com ; Ronda de la Universitat 35 ; 12h-3h lun-sam, 18h-3h dim ; M Catalunya)

Les Gens que J'Aime

BAR

26 Plan p. 96, E2

Vestige intimiste des années 1960, ce bar en sous-sol applique une formule d'une simplicité trompeuse : jazz en fond sonore, luminaires dépareillés de faible intensité et petits fauteuils

À savoir

Le Gaixample

Le secteur situé juste au-dessus de Gran Via de les Corts Catalanes et à gauche de la Rambla de Catalunya est surnommé le "Gaixample"du fait de son grand nombre de bars et boîtes gays. Voir notre sélection p. 175.

douillets en velours rouge autour de minuscules tables en bois sombre. (☎93 215 68 79 ; www.lesgensquejaime.com ; Carrer de València 286 ; ⏲18h-2h30 dim-jeu, 19h-3h ven-sam ; Ⓜ Passeig de Gràcia)

City Hall CLUB

27 Plan p. 96, F4

Un long couloir conduit à la piste de danse de ce vénérable club très prisé, aménagé dans un ancien théâtre. La house et autres sons électro dominent la programmation, ponctuée par des soirées funk et Black Room, l'événement gay dominical. Calendrier en ligne. (☎93 238 07 22 ; www.cityhallbarcelona.com ; Rambla de Catalunya 2-4 ; 10-15 €, avec 1 conso ; ⏲0h-5h mer-jeu, 0h-6h ven-sam, 23h-5h dim ; Ⓜ Catalunya)

Shopping

El Corte Inglés GRAND MAGASIN

28 Plan p. 96, F4

C'est désormais le seul grand magasin de la ville. On y trouve à peu près tout : ordinateurs, coussins, prêt-à-porter de luxe ou encore articles ménagers. Réputé pour son bon service clients. El Corte Inglés est aussi présent à Portal de l'Àngel 19-21, Avinguda Diagonal 617 et Avinguda Diagonal 471-473 (près de la Plaça de Francesc Macià). (☎93 306 38 00 ; www.elcorteingles.es ; Plaça de Catalunya 14 ; ⏲9h30-21h30 lun-sam ; Ⓜ Catalunya)

El Bulevard dels Antiquaris ANTIQUITÉS

29 Plan p. 96, D3

Plus de 70 boutiques (la plupart fermées à l'heure du déjeuner) sont réunies à l'étage de la galerie marchande Bulevard Rosa, plus généraliste, pour offrir un superbe choix de pièces de collectionneurs : poupées en porcelaine, cristal, meubles asiatiques, articles français anciens, art africain et ethnique, bijoux, etc. (☎93 215 44 99 ; www.bulevarddelsantiquaris.com ; Passeig de Gràcia 55 ; ⏲10h30-20h30 lun-sam ; Ⓜ Passeig de Gràcia)

Regia PARFUM

30 Plan p. 96, E3

Considéré comme l'une des meilleures parfumeries de Barcelone, cet établissement fondé en 1928 vend tous les grands parfums et toutes sortes de crèmes, lotions et eaux de Cologne, ainsi qu'une ligne maison de produits pour le bain. Un musée privé se trouve à l'arrière. (☎93 216 01 21 ; www.regia.es ; Passeig de Gràcia 39 ; ⏲9h30-20h30 lun-sam ; Ⓜ Passeig de Gràcia)

Cubiña DÉCO

31 Plan p. 96, E1

Même si l'univers de la déco ne vous passionne guère, cce vaste temple dédié au mobilier, aux luminaires et aux articles de maison vaut le détour rien que pour le bâtiment signé Domènech i Montaner. De la rue, admirez l'imposant ouvrage en fer forgé, avant

LONELY PLANET/GETTY IMAGES ©

Bière espagnole Estrella Galicia

de jeter un œil aux plafonds, boiseries, colonnes en brique et fenêtres à l'intérieur. (☎93 476 57 21 ; www.cubinya.es ; Carrer de Mallorca 291 ; ⏲10h-14h et 16h30-20h30 lun-sam, fermé août ; Ⓜ Verdaguer)

Adolfo Domínguez

MODE

32 Plan p. 96, E3

Cette enseigne de prêt-à-porter espagnole parmi les plus en vue fabrique des vêtements classiques pour hommes et femmes dans des tissus de qualité. Des robes de soirée somptueuses aux tenues pour enfants (rappelant parfois l'aristocratie britannique), large choix d'articles au style généralement conservateur, avec des coupes élégantes sans concession vis-à-vis des idéaux urbains rebelles. (☎93 487 41 70 ; www.adolfodominguez.com ; Passeig de Gràcia 32 ; ⏲10h-21h lun-sam ; Ⓜ Passeig de Gràcia)

Joan Múrria

ÉPICERIE FINE

33 Plan p. 96, E2

Temple de la gastronomie vendant depuis un siècle des spécialités de Catalogne et d'ailleurs. La façade est ornée de publicités modernistes conçues à sa création par Ramon Casas. (☎93 215 57 89 ; www.murria.cat ; Carrer de Roger de Llúria 85 ; ⏲9h-14h et 17h-20h lun-ven ; Ⓜ Passeig de Gràcia)

Les incontournables
La Sagrada Família

Comment y aller

Ⓜ Le métro est le moyen le plus simple de s'y rendre, descendez à la station Sagrada Família (lignes 2 et 5).

La Sagrada Família se trouve à seulement 1,5 km à pied du Passeig de Gràcia.

Site touristique le plus important d'Espagne, en construction depuis plus d'un siècle, la Sagrada Família est une œuvre architecturale à nulle autre pareille. Conçue à partir de 1883 pour expier les péchés d'une ville vouée au matérialisme, cette église géante est devenue la mission sacrée de Gaudí. Une fois achevée, elle pourra accueillir 13 000 fidèles et, comme les œuvres médiévales, elle constituera un témoignage de l'histoire de l'art. Riche en ornements et en symboles religieux, à la fois ancienne et profondément moderne, la Sagrada Família ne laisse personne indifférent.

À ne pas manquer

Façade de la Nativité
Cette étonnante tapisserie de pierre est à ce jour l'élément le plus impressionnant de la Sagrada Família. Reculez pour admirer dans son ensemble cette œuvre remarquable qui fut la première façade terminée (en 1930), puis examinez-en les détails de plus près : une multitude de personnages sculptés (à partir des moulages en plâtre faits sur les Barcelonais) et de représentations de la nature.

Façade de la Passion
Symboliquement dressée face au soleil couchant, cette façade – dépouillée pour mieux parler d'elle-même – offre un contrepoint austère à l'opulente façade de la Nativité. De la Cène à la mise au tombeau, la Passion du Christ est racontée dans une séquence suivant une forme de "s", du bas vers le haut. Notez le cryptogramme dans lequel la somme des nombres est toujours 33, l'âge de Jésus à sa crucifixion.

Un hommage discret
En observant attentivement la façade de la Passion, on remarque un hommage tout spécial du sculpteur Josep Maria Subirachs. Le groupe du centre (sous le Christ crucifié) montre, de droite à gauche, le Christ portant la croix, sainte Véronique tenant le voile avec lequel elle vient d'éponger le visage de Jésus, ainsi que des soldats romains. On voit aussi, assistant à la scène, un homme nommé "l'Évangéliste" : Subirachs en a sculpté le visage à partir d'une des rares photos de Gaudí, prise quelques années avant sa mort.

Façade de la Gloire
Cette façade sera la plus extravagante de toutes, le porche comptera 16 lanternes hyperboloïdes surmontées de cônes aux allures de glaces fondues.

www.sagradafamilia.cat

Carrer de Mallorca 401

Tarif plein/réduit/-11 ans 15/13 €/gratuit

9h-20h avr-sept, 9h-19h oct et mars,9h-18h nov-fév

M Sagrada Família

À savoir

- Achetez vos billets en ligne pour éviter l'attente.
- Des visites guidées de 50 minutes ont lieu toute la journée. Vous pouvez aussi louer un audioguide (75 minutes).
- Pour que l'expérience soit complète, prenez un billet incluant les tours.
- Privilégiez le matin à l'ouverture en semaine.

Une petite faim ?

Le **Michael Collins Pub** (93 459 19 64 ; www.michaelcollinspubs.com ; Plaça de la Sagrada Família 4 ; 13h-14h30 dim-jeu, 13h-3h ven-sam ; ; M Sagrada Família) est un pub authentique très prisé des habitants.

Gaudí n'a réalisé que des croquis généraux de cette façade, mais son symbolisme est clair : le Christ dans toute sa gloire et le chemin vers Dieu.

La nef centrale

Les colonnes curieusement inclinées de la nef se rejoignent et se ramifient au plafond, formant comme une canopée. L'image n'est pas fortuite, car Gaudí s'est effectivement inspiré des arbres. Tout a été soigneusement pensé, jusqu'à la forme et l'emplacement des fenêtres qui créent le même effet visuel que lorsque les rayons du soleil filtrent à travers les branches d'une épaisse forêt.

Colonnes et vitraux

Les colonnes se composent de quatre types de pierre, de couleur et de portance différentes : pierre tendre de Montjuïc dans les bas-côtés, granit, basalte gris sombre, et porphyre iranien aux tons bordeaux pour les piliers porteurs à la croisée du transept. Les vitraux bleu, rouge, vert et ocre créent une luminosité magique et hypnotique quand le soleil les frappe.

Crypte

Depuis l'abside principale, des trous au sol laissent entrevoir la crypte, première partie de l'édifice à être achevée en 1885. Construite principalement dans un style néogothique, elle abrite la dépouille de Gaudí et sert souvent de lieu de culte principal pendant que le reste de l'église est en travaux.

La Sagrada Família

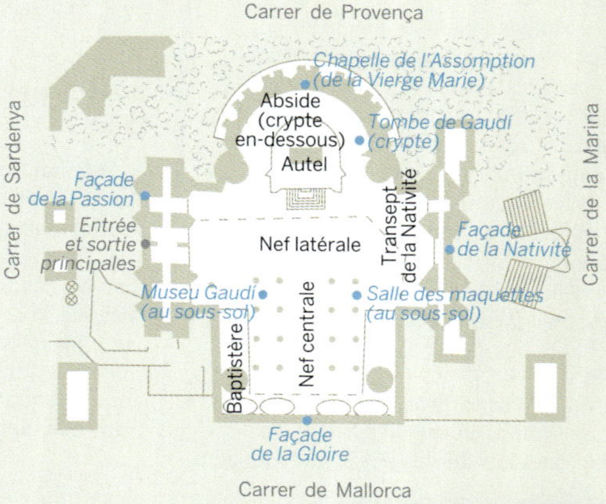

Clochers

Les tours des trois façades représentent les 12 apôtres (seules 8 ont été construites à ce jour). Des ascenseurs rejoignent le sommet d'une tour de chacune des façades de la Nativité et de la Passion (où les files d'attente sont plus longues), ménageant un magnifique panorama. Au total, 18 tours (12 apôtres, 4 évangiles, la Vierge Marie et le Christ) feront de cette église la plus haute du monde.

Museu Gaudí

Anciennes photos, esquisses et maquettes en plâtre restaurées redonnent vie aux ambitions de Gaudí. Ce musée offre un véritable voyage dans l'esprit du grand architecte. Certaines maquettes sont renversées : c'est ainsi que Gaudí les disposait pour mieux étudier la forme et l'équilibre structurel de l'édifice.

Recinte Modernista de Sant Pau

À 500 m au nord de la Sagrada Família l'ancien Hospital de la Santa Creu i de Sant Pau, chef-d'œuvre moderniste de Domènech i Montaner a été renommé Recinte Modernista de Sant Pau (p. 98) en 2014. Avec cet ensemble de 16 pavillons somptueux, l'architecte a voulu créer un environnement qui redonne espoir aux patients. Le prolifique Eusebi Arnau contribua à la statuaire, aux céramiques et à d'autres ouvrages ornementaux. Visites guidées à la demande dans différentes langues (tarif plein/réduit 16/11,20 €).

Comprendre

Antoni Gaudí

Né à Reus, Antoni Gaudí i Cornet (1852-1926) suivit au départ des études de métallurgie et obtint son diplôme d'architecture en 1878. Bien qu'appartenant au mouvement moderniste (p. 103), il développa un style personnel, marqué par une véritable obsession pour l'harmonie des formes naturelles. Il bannit la ligne droite et fit voler en éclats la frontière entre rêve et réalité, entre sobriété et exubérance. Sa hauteur de vues n'avait d'égal qu'un sens obsessionel du détail, dont témoigne par exemple l'utilisation de moulages pour les personnages de la façade de la Nativité.

Avec l'âge, il fut animé par une forte conviction religieuse et à partir de 1915 délaissa tous ses projets pour se consacrer exclusivement à la Sagrada Família. À sa mort, en juin 1926 – renversé par un tramway sur la Gran Via de les Corts Catalanes – moins d'un quart de l'église était construit. En travaux depuis plus de 130 ans, elle ne sera pas terminée avant, au mieux, 2026, un projet interminable à propos duquel Gaudí aurait déclaré : "*Mon client n'est pas pressé.*"

Le documentaire *Gaudí, le Mystère de la Sagrada Família* (2014) de Stefan Haupt retrace l'incroyable aventure technique et humaine de ce chef-d'œuvre.

100% barcelonais

La vie de village à Gràcia

Comment y aller

Gràcia se trouve en contrebas du parc Güell.

Ⓜ Station Fontana (ligne 3) ou Joanic (ligne 4).

Prenez le train de banlieue à la station Catalunya, dans le centre, et descendez à la station Gràcia.

À mi-chemin entre l'Eixample et le parc Güell, Gràcia était un village distinct jusqu'en 1897. Ses ruelles étroites et ses places en enfilade lui confèrent encore aujourd'hui une identité unique, un visage presque villageois. Bohème par endroits, s'embourgeoisant rapidement à d'autres, Gràcia incarne tout l'éclectisme de Barcelone : on trouve de tout dans son dédale de rues, des vieilles tavernes mal éclairées aux boutiques écoresponsables.

❶ Tradition catalane

Vestige du passé, le **Bar Bodega Quimet** (☎93 218 41 89 ; Carrer de Vic 23 ; tapas à partir de 3 € ; ⏲14h-23h30 lun-ven, 13h-23h30 sam-dim ; Ⓜ Fontana) est un lieu merveilleusement pittoresque, avec son comptoir en bois patiné, ses rangées de vieilles bouteilles et une carte complète de tapas.

❷ Marché local

Construite dans les années 1870 par Francesc Berenguer i Mestres, assistant de longue date de Gaudí, la halle du **Mercat de la Llibertat** (☎93 217 09 95 ; www.mercatsbcn.com ; Plaça de la Llibertat 27 ; ⏲8h-20h lun-ven, 8h-15h sam ; FGC Gràcia) s'est parée de décorations modernistes en 1893.

❸ Amis des bêtes

L'**Amapola Vegan Shop** (☎93 010 62 73 ; www.amapolaveganshop.com ; Travessera de Gràcia 129 ; ⏲11h-14h30 et 17h-20h30 lun-sam ; Ⓜ Fontana ou Diagonal) vend des vêtements et des accessoires réalisés sans matière animale, notamment des sacoches, des ballerines et des T-shirts impertinents portant des inscriptions telles que "No como mis amigos" ("Je ne mange pas mes amis").

❹ Shopping rétro

Doctor Paper (☎93 237 58 57 ; www.doctorpaperbcn.com ; Travessera de Gràcia 130 ; ⏲10h30-14h et 17h-20h30 lun-sam ; FGC Gràcia) est un drôle de petit magasin rempli d'objets fantaisie et rétro : robots à remontoir, avions en kit, cartes postales vintage, tasses émaillées...

❺ Idées cadeaux

Magnesia (☎93 119 01 87 ; www.magnesiabcn.com ; Carrer del Torrent de l'Olla 192 ; ⏲10h30-14h lun-sam et 16h30-20h lun-ven ; Ⓜ Lesseps ou Fontana) recèle tant de curiosités – articles de papeterie, illustrations encadrées, bijoux originaux, céramiques, jouets désuets – qu'on a envie de tout emporter.

❻ Plaça de la Virreina

Avec des habitations basses d'un côté et l'Església de Sant Joan du XIXe siècle de l'autre, cette place a une atmosphère presque villageoise. Ses terrasses sont d'ailleurs un point de rencontre dans le quartier.

❼ Bar de quartier

Idéal pour bavarder autour d'un verre, le **Bar Canigò** (☎93 213 30 49 ; www.barcanigo.com ; Carrer de Verdi 2 ; ⏲10h-2h lun-ven, 20h-3h sam ; Ⓜ Fontana) est un établissement intemporel sur une place animée. Particulièrement accueillant l'hiver.

❽ Un café pour petits et grands

La Nena (☎93 285 14 76 ; www.chocolaterialanena.com ; Carrer de Ramón y Cajal 36 ; desserts à partir de 4,50 € ; ⏲9h-22h ; 👪 ; Ⓜ Fontana) est une adresse chérie par tous les gourmands de Gràcia pour ses *suïssos* (chocolats chauds) et ses *melindros* (biscuits à la cuillère). L'arrière-salle ravit les enfants, avec ses jouets, ses livres et son tableau noir.

Les incontournables
Le parc Güell

Comment y aller

Ⓜ Le parc est indiqué depuis les stations Vallcarca et Lesseps (ligne 3).

🚌 Le bus n°24 s'arrête à une entrée, près du haut du parc.

L'une des créations favorites d'Antoni Gaudí, le merveilleux parc Güell (destiné au départ aux Barcelonais aisés) s'étend à flanc de colline, au nord du centre-ville. C'est ici que le grand architecte se lança dans le paysagisme. Le résultat est un vaste et joyeux espace vert parsemé de structures fantasques aux éclats de céramique scintillants. Ici, l'artifice semblerait presque plus naturel que la nature elle-même.

El Drac (le Dragon), parc Güell

À ne pas manquer

Escaliers et Sala Hipóstila

À l'entrée, les escaliers et les deux maisons de gardiens, sorties tout droit du conte *Hansel et Gretel,* s'ornent d'un ensemble de fontaines, de vieux symboles catalans et d'un lézard très photographié. Au sommet des escaliers trône la Sala Hipóstila, une forêt de 86 colonnes doriques (pour certaines inclinées et toutes inspirées de la Grèce antique), qui devait abriter un marché.

Banc de Trencadís

Au-dessus de la Sala Hipóstila, une vaste esplanade est délimitée par ce sublime banc ondoyant, couvert de céramiques. Pour certains il symbolise un serpent mythique, pour d'autres les vagues typiques de Gaudí. L'architecte en a conçu la forme, mais les motifs en *trencadís* (éclats de céramique) sont l'œuvre de son bras droit, Josep Maria Jujol.

Casa-Museu Gaudí

À l'est du banc de Trencadís, c'est dans cette maison surmontée d'un clocher dite **Casa-Museu Gaudí** (www.casamuseugaudi.org ; tarif plein/étudiant/enfant 5,50/4,50 €/gratuit ; 9h-20h avr-sept, 10h-18h oct-mars) que Gaudí vécut la majeure partie de ses 20 dernières années (1906-1926). L'intérieur sobre renfermant un mobilier qu'il a conçu et d'autres objets contraste avec l'extravagance habituelle des nombreuses œuvres de Gaudí.

Les viaducs

Une grande partie de l'extrémité est du parc est dominée par les viaducs, la solution de Gaudí pour attirer badauds et véhicules. Colonnes penchées et pierre locale créent un effet surprenant : semblant sortir d'un conte de fées, elles laissent croire que la structure entière a été sculptée directement dans la montagne.

www.parkguell.cat

Carrer d'Olot 7

Adulte/enfant 8/5,60 € sur place, 7/4,90 € en ligne

8h-21h30 mai-août, 8h-20h sept-oct et mars-mai, 8h30-18h15 oct-mars

24, 32, M Lesseps ou Vallcarca

À savoir

- En métro, arrivez par la station Vallcarca car des escalators facilitent l'ascension et repartez par la station Lesseps en contrebas.
- Venez tôt en semaine et fuyez les week-ends l'été.
- L'accès au parc est désormais contingenté. Réservez vos billets en ligne ou aux guichets. Pour être sûr d'obtenir un créneau, l'achat en ligne (moins cher) est conseillé.

Une petite faim ?

Avant ou après la visite du parc, découvrez les tapas gastronomiques et les bons vins de **La Panxa del Bisbe** (93 213 70 49 ; Carrer del Torrent de les Flors 156 ; tapas 8-14 €, menus dégustation à partir de 30 € ; 13h30-15h30 et 20h30-0h mar-sam ; M Joanic).

Explorer

Montjuïc, Poble Sec et Sant Antoni

Toisant la mer et la ville de toute sa hauteur, Montjuïc est une agréable étendue d'espaces verts, jalonnée de musées et de sites intéressants, passés sous les projecteurs lors des Jeux olympiques de 1992. Au pied de la colline, les rues enchevêtrées du Poble Sec comptent des bars et restaurants de tapas accueillants. De l'autre côté de l'Avinguda del Paral·lel, gastronomes et fêtards plébiscitent le quartier de Sant Antoni.

L'essentiel en un jour

Avant toute chose, sachez que l'offre de restauration à Montjuïc est restreinte et hors de prix : prévoyez de quoi faire un pique-nique au **Mercat de la Boqueria** (p. 46). Quelle que soit la façon dont vous arrivez (nous conseillons le **Teleférico del Puerto** (p. 83) depuis la Barceloneta), partez du sommet pour redescendre tranquillement à pied. Le **Castell de Montjuïc** (p. 128) et les **jardins del Mirador** (p. 130) promettent un superbe panorama. Visitez la **Fundació Joan Miró** (p. 122), puis déjeunez au calme dans les **jardins de Mossèn Cinto de Verdaguer** (p. 130).

Allez voir l'**Anella Olímpica & Estadi Olímpic** (p. 129), vestige des Jeux olympiques, puis consacrez le reste de l'après-midi aux chefs-d'œuvre du **Museu Nacional d'Art de Catalunya** (p. 118). Enfin, même si vous n'avez pas le temps d'y entrer, jetez un œil à l'étonnant bâtiment moderniste du **CaixaForum** (p. 128).

Ne manquez pas le spectacle de la **Font Màgica** (ci-contre ; p. 129), puis allez déguster de délicieuses tapas chez **Quimet i Quimet** (p. 132) et une bière à la **Fàbrica Moritz** (p. 132). Pour finir en beauté, savourez un verre et la vue à **La Caseta del Migdia** (p. 133) ou allez danser à **La Terrrazza** (p. 133).

Pour une soirée 100% barcelonaise dans Sant Antoni et le Poble Sec, voir p. 124.

Les incontournables

Le Museu Nacional d'Art de Catalunya (p. 118)

La Fundació Joan Miró (p. 122)

100% barcelonais

Une soirée entre Sant Antoni et le Poble Sec (p. 124)

Le meilleur du quartier

Musées, art et design

Le Museu Nacional d'Art de Catalunya (p. 118)

La Fundació Joan Miró (p. 122)

CaixaForum (p. 128)

Tapas

Tickets (p. 133)

Quimet i Quimet (p. 132)

Bar Ramón (p. 125)

Comment y aller

M Métro De la station Paral·lel (lignes 2 et 3), le funiculaire (9h-22h) conduit à l'Estació Parc Montjuïc, d'où un téléphérique mène encore plus haut.

Bus Bus 50, 55 et 61, ou 193 de la Plaça d'Espanya jusqu'au Castell de Montjuïc (fort).

Téléphérique Le Teleférico del Puerto (p. 83) de la Torre de Sant Sebastiá (Barceloneta) à Montjuïc.

Les incontournables

Le Museu Nacional d'Art de Catalunya

La plus belle collection d'art de Barcelone surplombe la ville depuis le Palau Nacional, majestueuse pièce maîtresse de l'Exposition universelle de 1929. D'une impressionnante richesse, ce musée comprend une époustouflante collection d'art roman des Pyrénées catalanes et quelques œuvres de Picasso et de Dalí. Les styles gothique, Renaissance et baroque sont également bien représentés. L'endroit compte de nombreuses œuvres remarquables, mais c'est surtout l'ampleur et l'exhaustivité de la collection que l'on retient.

Plan p. 126, C3

www.museunacional.cat

Mirador del Palau Nacional

Tarif plein/étudiant/- de 16 ans 12/8,40 €/gratuit, gratuit 15h-20h sam et 1er dim du mois

10h-20h mar-sam, mai-sept, 10h-18h mar-sam oct-avr, 10h-15h dim toute l'année

M Espanya

Les quatre colonnes de Josep Puig i Cadafalch devant le musée national d'Art de Catalogne

À ne pas manquer

Fresques romanes

Joliment présentée, la section romane, l'une des plus belles d'Europe, rassemble principalement des fresques des XIe et XIIe siècles provenant d'églises des Pyrénées catalanes. Les collections sont toutes exceptionnelles, mais les fresques de l'Església de Sant Climent de Taüll (salle 7) et de l'Església de Santa Maria de Taüll (salle 9) s'en détachent.

Collection gothique

Les amateurs d'art religieux du Moyen Âge flâneront au milieu des œuvres gothiques du rez-de-chaussée, où abondent les retables texturés et d'autres œuvres, réalisées notamment par les peintres catalans Bernat Martorell et Jaume Huguet. Parmi tout cela se cache la *Tête du Christ*, fascinante sculpture de Jaume Cascalls datant de 1352.

El Greco et Fra Angelico

Avant de quitter la collection gothique pour l'étage suivant, deux toiles retiennent l'attention. La première, *Saint Pierre et Saint Paul* (1595-1600) fut peinte par Dhomínikos Theotokópoulos, plus connu sous le nom d'El Greco. La seconde, la *Vierge de l'humilité* (1433-1435) de Fra Angelico, est le contrepoint idéalisé et proche de la perfection des figures fines et allongées du Greco.

Maîtres espagnols

Après avoir traversé l'imposant auditorium, grimpez à l'étage, où les maîtres espagnols du XVIIe siècle font une brève apparition. Dans la salle 39, l'*Immaculée Conception* (1632) et le déconcertant *Saint François d'Assise* de Francisco de Zurbarán se font face. Tout près, Josep de Ribera et le puissant *Saint Paul* de Vélasquez (1619) se partagent la salle 41.

À savoir

- L'avantageux Articket BCN (p. 52) permet d'accéder au Museu Nacional d'Art de Catalunya (MNAC) et à cinq autres musées pour 30 €.
- La terrasse juste devant le musée offre une jolie vue, surtout au soleil couchant.
- Le toit-terrasse, où l'on peut boire un verre, dévoile également une belle perspective.

Une petite faim ?

Au niveau principal du musée, un café sert boissons, sandwichs et desserts en toute décontraction.

À l'étage du musée, **Oleum** (Mirador del Palau Nacional ; plats 18-27 € ; 12h30-16h mar-dim et 19h30-23h30 ven-sam) prépare une cuisine méditerranéenne haut de gamme, assortie d'une vue splendide sur la ville.

Le musée national d'Art de Catalogne

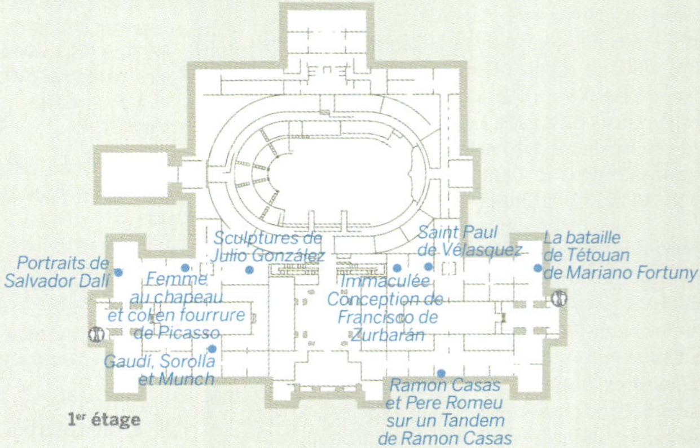

1er étage

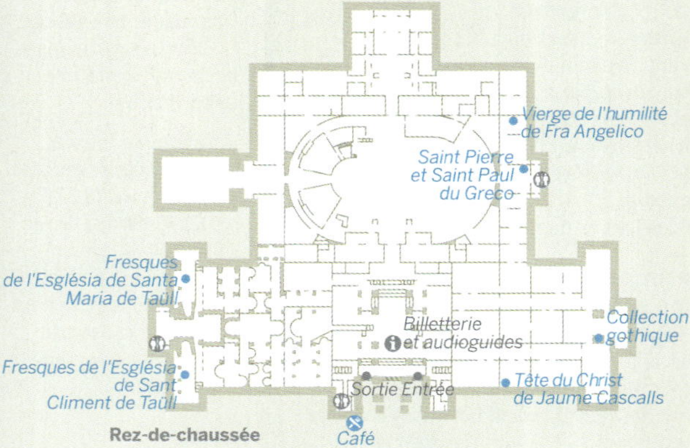

Rez-de-chaussée

Maîtres catalans

Le 1er étage met les peintres catalans à l'honneur et offre un intéressant aperçu d'artistes peu connus hors de Catalogne. De la multitude d'œuvres, on retient *La Bataille de Tétouan* (1863-1873) de Mariano Fortuny et les œuvres du peintre moderniste Ramon Casas (1866-1932), notamment *Ramon Casas et Pere Romeu sur un tandem* (1897).

Gaudí, Sorolla et Munch

Pour continuer sur la lancée catalane, on trouve des pièces de mobilier d'Antoni Gaudí et de Joaquim Mir (1873-1940), peintre du joli *Village en terrasse* (1909). Au milieu de cette collection assez uniforme d'art catalan, se trouvent deux œuvres de deux maîtres européens incontestés : le Valencien Joaquín Sorolla et le Norvégien Edvard Munch.

Picasso et Dalí

Deux œuvres sobres de Salvador Dalí – *Portrait de mon père* (1925) et *Portrait de Joan Maria Torres* (1921) – attirent les foules, mais les fans de Picasso peuvent y admirer quelques peintures, parmi lesquelles l'œuvre cubiste *Femme au chapeau et col en fourrure* (1937), une des pièces maîtresses du musée.

FOTOKON/SHUTTERSTOCK ©

Sculpture au musée national d'Art de Catalogne

Julio González

De nombreux visiteurs quittent les lieux après avoir vu les œuvres des artistes les plus célèbres, mais nous vous conseillons de prendre le temps d'apprécier les belles sculptures de Julio González (1876-1942), le plus grand sculpteur catalan du XXe siècle. Ses formes humaines abstraites, comme *Nature morte II* (1929), sont dotées d'une grâce élancée.

Les incontournables

La Fundació Joan Miró

Consacrée à Joan Miró (1893-1983), l'un des plus grands artistes de Barcelone au XXe siècle, cette galerie exceptionnelle vaut le détour. La fondation présente la plus grande collection de l'artiste : environ 220 peintures, 180 sculptures, des textiles et plus de 8 000 dessins. Les pièces sont exposées en alternance en petites quantités, mais toujours représentatives de l'évolution de l'artiste, depuis ses premières œuvres jusqu'à la maîtrise totale d'un style reconnaissable entre mille.

Plan p. 126, E3

www.fmirobcn.org

Parc de Montjuïc

Adulte/enfant 12 €/gratuit

10h-20h avr-sept sinon 10h-18h mar-sam, 10h-21h jeu, 10h-14h30 dim et jours fériés

55, 150, Paral·lel

La fondation Joan Miró conçue par l'architecte Josep Lluís Sert

À ne pas manquer

Les années de formation

Salle 16 Comme tous les grands maîtres, le jeune Joan Miró a commencé par peindre des formes figuratives, mais son séjour à Paris en 1920 l'orienta vers les styles d'avant-garde qu'il finira par s'approprier. En 1925, *Peinture* (*Le gant blanc*) donne cette impression, caractéristique chez Miró, de l'artiste qui a tout séparé puis tout rassemblé sur un coup de tête.

Les années de guerre

Salle 17 Miró passa la plus grande partie de la guerre civile (1936-1939) exilé en France, et ses travaux durant cette période sont d'une morosité inhabituelle. Pendant la Seconde Guerre mondiale, son approche de la peinture changea, reflétant un désir de fuir la réalité, comme le montrent les couleurs vives et les figures enfantines de *L'Étoile du matin* (1940) et de *Femme rêvant d'évasion* (1945).

Années 1960 et peintures sur papier

Salles 19 et 20 Dans la salle 19, on s'imprègne des couleurs vives des peintures des années 1960 – notamment *Peinture (pour Emili Fernández Miró)* de 1963 et *Paysan catalan au clair de lune* (1968). La salle 20 illustre quant à elle le goût de Miró pour la peinture sur papier et la souplesse qu'elle offrait.

Col·lecció Katsuta

Salles 21 et 22 Tel un bonus inattendu, on découvre à la fin du parcours cette vaste collection privée d'œuvres de Miró. Toute sa carrière est ainsi retracée, des sobres paysages catalans de sa jeunesse (comme *Paysage, Mont-Roig* dans la salle 21) jusqu'à l'énigmatique et puissant *Sourire d'une larme* (1973) dans la salle 22.

À savoir

- Très intéressant, le guide multimédia (5 €) comprend des commentaires des œuvres majeures, des informations sur la vie et le travail de Miró, des photos et d'autres illustrations.
- Arrivez à l'ouverture, quand il y a le moins de monde.
- Les jardins en aval du musée offrent un cadre plaisant pour flâner.

Une petite faim ?

Près du centre du musée, cet agréable restaurant lumineux sert des plats méditerranéens. On peut aussi boire un verre sur la terrasse attenante.

Pour une cuisine catalane haut de gamme à déguster en terrasse, direction **La Font del Gat** (plan p. 126, D3 ; ☎93 289 04 04 ; www.lafontdelgat.com ; Passeig de Santa Madrona 28 ; plats 16-21 € ; ⏲10h-18h mar-ven, 12h-18h sam-dim), à droite en sortant du musée.

100% barcelonais

Une soirée entre Sant Antoni et le Poble Sec

Le soir, une faune de Barcelonais jeunes et branchés se retrouve dans le Poble Sec et Sant Antoni, quartiers voisins jadis assoupis et qui grouillent aujourd'hui de cafés, de bars et de restos tendance. Emboîtez-leur le pas en suivant ce parcours qui débute dans des bars à tapas, se poursuit dans des troquets sympas et se prolonge dans les hauts lieux de la nuit.

1 Une star délicieuse

L'un des fleurons d'Albert Adrià, la **Bodega 1900** (93 325 26 59 ; www.bodega1900.com ; Carrer de Tamarit 91 ; tapas 5-14 € ; 13h30-22h30 mar-sam ; M Sant Antoni) s'inspire du bon vieux bar à tapas, l'élégance contemporaine en plus. Pour le comprendre, goûtez le *mollete de calamars,* sandwich exquis, servi bien chaud accompagné de mayonnaise au piment chipotle, *kimchi* (chou fermenté coréen) et zeste de citron.

❷ Tapas et rock and roll

Près du Mercat de Sant Antoni, le **Bar Ramón** (☎93 325 02 83 ; www.barramon.com ; Carrer del Comte Borrell 81 ; tapas 5-12 € ; ⌚20h30-0h lun-sam et 9h-16h ven-sam ; Ⓜ Sant Antoni) est une institution du quartier depuis les années 1930, qui sert de succulentes tapas : calamars, boulettes de viande, ou champignons farcis, choisissez les yeux fermés.

❸ Détour par l'Australie

Pionnier australien dans une rue aujourd'hui riche en bars, le **Federal** (☎93 187 36 07 ; www.federalcafe.es ; Carrer del Parlament 39 ; plats 9-12 € ; ⌚8h-23h lun-jeu, 8h-1h ven, 9h-1h sam, 9h-17h30 dim ; 📶 ; Ⓜ Sant Antoni) combine ambiance décontractée et brunchs mirifiques, avec en prime, toute la journée, des plats aussi sains que savoureux, des cupcakes et du bon café.

❹ En terrasse

Il a beau se présenter comme un bar à vins, la carte des vins est un peu le point faible du **Bar Calders** (☎93 329 93 49 ; Carrer del Parlament 25 ; ⌚17h-2h lun-ven, 11h-2h30 sam, 11h-0h dim ; Ⓜ Sant Antoni). Comme café et bar à tapas, en revanche, il n'a pas son pareil : avec ses quelques tables dans une petite rue piétonne, c'est devenu le grand rendez-vous de tous les branchés du coin.

❺ Lumières tamisées

Enfilade de coins et de recoins meublés de trouvailles de chineur, le **Tinta Roja** (☎93 443 32 43 ; www.tintaroja.cat ; Carrer de la Creu dels Molers 17 ; ⌚20h30-1h mer, 20h30-2h jeu, 20h30-3h ven-sam ; Ⓜ Poble Sec) est un endroit intimiste pour prendre un verre et assister à un spectacle.

❻ Un air de décadence

El Rouge (☎666 251556 ; Carrer del Poeta Cabanyes 21 ; ⌚21h-2h mer-jeu, 22h-3h ven-sam ; 📶 ; Ⓜ Poble Sec), bar à cocktails aux airs de lupanar, déborde de sex-appeal. Les murs sont habillés de grands tableaux, d'éclairages tamisés et de miroirs, et les chaises sont toutes dépareillées. Riche programmation où se mêlent lectures de poésie, théâtre et expositions d'art.

❼ Bodega bohème

Les tonneaux qui s'alignent dans la **Gran Bodega Saltó** (☎93 441 37 09 ; www.bodegasalto.net ; Carrer de Blesa 36 ; ⌚19h-2h lun-jeu, 12h-3h ven-sam, 12h-0h dim ; Ⓜ Paral·lel) rappellent sa vocation première. Aujourd'hui, une déco psychédélique à base de bric-à-brac et de vieilles réclames de bières chinoises séduit une foule éclectique voire dynamique les soirs de concert.

❽ En piste

La mythique **Sala Apolo** (☎93 441 40 01 ; www.sala-apolo.com ; Carrer Nou de la Rambla 113 ; club 12-18 €, concerts : prix variables ; ⌚0h30-5h lun-jeu, 0h30-6h ven-sam ; Ⓜ Paral·lel) occupe un vénérable théâtre tout de velours rouge où l'on danse en s'imaginant sur une grande scène de bal à l'ancienne. Dès minuit, après les concerts, les DJ passent aux platines.

A
B
C
D
1
2
3
4
5
C de la Creu Coberta
Plaça d'Espanya
Av del Paral·lel
SANT ANTONI
14
Poble Sec
Espanya
Gran Via de les Corts Catalanes
Av de la Reina Maria Cristina
Fira de Barcelona
Plaça de l'Univers
C de Mèxic
C de Sant Fructuós
Av de Rius i Taulet
C de Lleida
C de la Font Honrada
C de Ricart
C de la Bòbila
12
C de la França Xica
2
CaixaForum
5
Font Màgica
Plaça del Marquès de Foronda
Plaça de Margarida Xirgu
Av de Francesc Ferrer i Guàrdia (Av del Marquès de Comillas)
C de la Dàlia
Plaça de les Cascades
3
Poble Espanyol
17
Av dels Montanyans
Mirador del Palau Nacional
Museu Nacional d'Art de Catalunya (MNAC)
6
Museu Etnològic
Pg de Santa Madrona
Jardins de Laribal
Plaça del Pare Eusebi Millan
Jardins de Joan Maragall
Av de l'Estadi
Museu Olímpic i de l'Esport
9
Av de l'Estadi
Antic Jardí d'Aclimatació
Pg Olímpic
Plaça d'Europa
Pg de Minici Natal
Plaça de Nemesi Ponsati
4
L'Anella Olímpica & Estadi Olímpic
8
Jardí Botànic
Pg Olímpic
Parc del Migdia
MONTJUÏC
Nos adresses
Les incontournables p. 118
Voir p. 128
Se restaurer p. 132
Prendre un verre p. 133

E
F
G
H
16
13
0
400 m
1
2
3
4
5
Av del Paral·lel
Paral·lel
C de la Concòrdia
C de Radas
C de la Creu dels Molers
C de Blasco de Garay
C de Margarit
C de Blai
C de Tapioles
C del Poeta Cabanyes
C de Salvà
C del Roser
C de la Fontrodona
C Nou de la Rambla
C de Vila i Vilà
C de Cabanes
C de Piquer
C de Palaudàries
Parc de les Tres Xemeneies
11
10
POBLE SEC
Plaça del Sortidor
C d'Annibal
Pg de l'Exposició
C de Blesa
Pg de Montjuïc
7
MUHBA Refugi 307
Transbordador Aeri (Miramar)
Pg de la Font Trobada
Plaça de Carlos Ibáñez
Pg de Miramar
Plaça de l'Armada
Av de Miramar
C de Montjuïc
Jardins de Miramar
Jardí de les Escultures
Fundació Joan Miró
Av de Miramar
Plaça de Dante
Estació Parc Montjuïc
Plaça de Neptu
Jardins de Joan Brossa
Jardins de Mossèn Costa i Llobera
Plaça de la Sardana
Jardins de Mossèn Cinto de Verdaguer
Estació Mirador
C dels Tres Pins
C del Doctor Font i Quer
Jardins del Mirador
C de Montjuïc
Carretera de Miramar
Carretera de Miramar
Camí Baix del Castell
Ronda del Litoral
Av del Castell
Pg del Migdia
C de la Cartoixa
Castell
Castell de Montjuïc
1
Estació del Port
Moll de la Costa
Camí del Mar
15

Voir

Castell de Montjuïc

FORTERESSE, JARDINS

1 Plan p. 126, F5

Le sud-est de la colline est dominé par le fort (*castell* en catalan) de Montjuïc, d'où l'on a une superbe vue sur la Méditerranée. Ce que l'on voit aujourd'hui du château date des XVIIe et XVIIIe siècles. De triste réputation, le fort servit longtemps de tour de guet, de prison politique et de lieu d'exécution. (☎93 256 44 45 ; www.bcn.cat/castelldemontjuic ; Carretera de Montjuïc 66 ; adulte/enfant 5 €/gratuit, gratuit 15h-20h dim ; 10h-20h avr-oct, 10h-18h nov-mars ; 150, Telefèric de Montjuïc, Castell de Montjuïc)

À savoir

Se déplacer en téléphérique

Pour aller de Barceloneta à Montjuïc, le plus rapide consiste à prendre le **Teleférico del Puerto** (www.telefericodebarcelona.com ; Av de Miramar, Jardins de Miramar ; aller simple/aller-retour 11/16,50 € ; 11h-19h mars-oct, 11h-17h30 nov-fév ; 50, 153), d'où le panorama embrasse la ville et la mer. Le **Telefèric de Montjuïc** (www.telefericdemontjuic.cat ; Av de Miramar 30 ; adulte/enfant aller simple 8/6,20 € ; 10h-21h juin-sept, 10h-19h oct-mai ; 55, 150) relie ensuite l'Estació Parc Montjuïc à la forteresse. Les deux stations de téléphérique se situent à 1,3 km l'une de l'autre. On peut rejoindre le Telefèric de Montjuïc par le **funiculaire**, intégré au réseau de métro, qui part de la station Paral·lel.

CaixaForum

GALERIE D'ART

2 Plan p. 126, B2

La banque La Caixa s'enorgueillit du soutien qu'elle apporte au monde de l'art, en particulier contemporain. Cet important espace d'exposition renferme une partie de sa vaste collection d'art moderne du monde entier. Le CaixaForum est installé dans une ancienne usine rénovée, la Fàbrica Casaramona, un remarquable bâtiment moderniste en brique conçu par Puig i Cadafalch. De 1940 à 1993, il fut le siège du premier escadron de l'unité de cavalerie de la police et ses 120 chevaux. (☎93 476 86 00 ; www.fundacio.lacaixa.es ; Avinguda de Francesc Ferrer i Guàrdia 6-8 ; tarif plein/étudiant et enfant 4 €/gratuit, gratuit le 1er dim du mois ; 10h-20h ; P ; M Espanya)

Poble Espanyol

PARC À THÈME

3 Plan p. 126, A3

Ce "Village espagnol", qui fut construit pour accueillir l'artisanat espagnol lors de l'Exposition universelle de 1929, est à la fois un lieu pour amateurs de souvenirs kitsch et une fascinante reconstitution de l'architecture nationale. On y déambule de l'Andalousie aux Baléares, découvrant de belles reproductions des édifices emblématiques de l'Espagne. (www.poble-espanyol.com ; Avinguda de Francesc Ferrer i

Poble Espanyol

Guàrdia 13 ; adulte/4-12 ans 13/7 € ; 9h-20h lun, 9h-0h mar-jeu et dim, 9h-3h ven-sam ; 13, 23, 150, M Espanya)

L'Anella Olímpica & l'Estadi Olímpic

SITE OLYMPIQUE

4 Plan p. 126, C4

L'Anella Olímpica (anneau olympique) regroupe les installations construites pour les Jeux de 1992, dont les **piscines Bernat Picornell**, où se déroulèrent les épreuves de natation et de plongeon, et l'étonnant petit Estadi Olímpic, d'une capacité de 65 000 personnes, ouvert au public quand il n'accueille pas d'événement sportif ou de concert. (www.estadiolimpic.cat ; Avinguda de l'Estadi ; entrée libre ; 8h-20h avr-sept, 10h-18h oct-mars ; 50, 61 ou 150)

Font Màgica

FONTAINE

5 Plan p. 126, B2

Cette majestueuse "fontaine magique" est le point d'orgue de l'Avinguda de la Reina Maria Cristina, devant l'imposante façade du Palau Nacional : elle offre un spectacle exceptionnel durant lequel l'eau jaillit en gerbes de couleur, évoquant tantôt un feu d'artifice aquatique, tantôt un chaudron de sorcière. (93 316 10 00 ; Avinguda de la Reina Maria Cristina ; toutes les 30 min 19h-21h ven-sam nov-mars, 21h30-23h jeu-dim avr-oct ; M Espanya)

100% barcelonais

Promenade au jardin

Les **jardins del Mirador** (plan p. 126, G4 ; 10h-coucher du soleil ; Telefèric de Montjuïc, Mirador) offrent une belle vue sur le port de Barcelone. Plus bas, les **jardins de Mossèn Costa i Llobera** (plan p. 126, H3) présentent un intérêt particulier pour leurs plantes tropicales et du désert, dont une forêt de cactus. Magnifiques et pleins de fraîcheur, les **jardins de Mossèn Cinto de Verdaguer** (plan p. 126, F3 ; 10h-coucher du soleil ; 55, 150) sont consacrés aux plantes à bulbe et aquatiques.

Museu Etnològic

MUSÉE

6 Plan p. 126, D3

Le musée d'Ethnologie de Barcelone abrite une étonnante collection permanente illustrant le riche héritage culturel de la Catalogne, où le sacré se mêle au profane. Il explore notamment les mythes originels, les traditions folkloriques et les fêtes religieuses. Ne manquez pas la crèche et son *caganer* ("chieur"), personnage typiquement catalan. (www.museuetnologic.bcn.cat ; Passeig de Santa Madrona 16-22 ; tarif plein/réduit 5/3,50 € ; 10h-19h mar-sam, 10h-20h dim, gratuit 1er dim du mois ; 55)

MUHBA Refugi 307

SITE HISTORIQUE

7 Plan p. 126, G2

Cet abri antiaérien, qui fait partie du Museu d'Història de Barcelona (musée d'Histoire de Barcelone, MUHBA), date de l'époque de la guerre civile. Barcelone, la ville alors la plus bombardée par l'aviation, se dota de plus de 1 300 abris antiaériens. C'est en mars 1937 que des habitants commencèrent à creuser celui-ci dans la roche de Montjuïc. Il n'ouvre au public que le dimanche, dans le cadre de visites guidées. (93 256 21 22 ; www.museuhistoria.bcn.cat ; Carrer Nou de la Rambla 169 ; visite guidée adulte/enfant 3,40 €/gratuit ; visites 10h30, 11h30 et 12h30 dim ; M Paral·lel)

Jardí Botànic

JARDIN

8 Plan p. 126, D5

Ce jardin botanique, dédié à la flore méditerranéenne, regroupe quelque 40 000 plantes de 1 500 espèces poussant sous des climats de type méditerranéen : Méditerranée orientale, Espagne (y compris les îles Baléares et les Canaries), Afrique du Nord, Australie, Chili, Californie et Afrique du Sud. (www.museuciencies.cat ; Carrer del Doctor Font i Quer 2 ; adulte/enfant 3,50 €/gratuit, gratuit 1er dim du mois et après 15h dim ; 10h-19h avr-sept, 10h-17h oct-mars ; 55, 150)

Museu Olímpic i de l'Esport

MUSÉE

9 Plan p. 126, D4

Ce musée interactif très instructif explore l'histoire du sport et des Jeux olympiques. Après la billetterie, une rampe serpente jusqu'au sous-sol au fil de salles illustrant les différentes

Comprendre

Les grands maîtres du XXe siècle

L'Espagne, et la Catalogne en particulier, ont produit au XXe siècle un nombre impressionnant de peintres à la renommée mondiale dont trois se démarquent nettement : Pablo Picasso, Salvador Dalí et Joan Miró.

Pablo Picasso

Né à Málaga, au sud de l'Espagne, Pablo Ruiz Picasso (1881-1973) emménagea avec sa famille à Barcelone en 1895. Même s'il passa le plus clair de sa vie ailleurs, il revint souvent à Barcelone, qu'il disait considérer comme sa véritable maison. Picasso est certainement l'un des artistes les plus polyvalents de tous les temps. Son œuvre connut des révolutions successives, passant d'une phase créative à une autre : la sombre période bleue, puis sa période rose, plus lumineuse, et un passage par le surréalisme dans les années 1920. Picasso devint le maître du cubisme, inspiré de sa fascination pour le primitivisme, comme les masques africains et les premières sculptures ibériques. Vous pourrez voir une belle sélection de ses premières œuvres au Museu Picasso (p. 58) de Barcelone.

Salvador Dalí

Séparé de Picasso par une génération à peine, Salvador Dalí (1904-1989) s'essaya d'abord au cubisme, avant de s'identifier rapidement au surréalisme. Ses complexes "photographies du subconscient peintes à la main", comme il les appelait, sont des œuvres exécutées d'une main de maître, débordant de détails et d'images cauchemardesques issus d'une imagination féconde nourrie à la pensée freudienne. Jaloux de la renommée de Picasso, Dalí assura sa propre promotion par d'extravagantes mises en scène. Né à Figueres, l'artiste se rendait souvent à Barcelone et passa une grande partie de sa vie dans le village de Cadaqués, en bord de mer.

Joan Miró

Né à Barcelone, Joan Miró (1893-1983) développa un style gai et enfantin pour lequel l'écrivain André Breton le surnomma "le plus surréaliste d'entre nous". Sa dernière période, la plus connue, est caractérisée par la simple utilisation de formes et de couleurs vives dans des associations de symboles représentant des femmes, des oiseaux (lien entre la terre et les cieux), des étoiles (inaccessible monde divin et source d'imagination) et une sorte de filet capturant tous ces éléments de l'univers. La Fundació Joan Miró (p. 122) réunit une collection des plus exhaustives de l'artiste.

disciplines sportives depuis l'Antiquité. (☎93 292 53 79 ; www.museuolimpicbcn.com ; Avinguda de l'Estadi 60 ; tarif plein/étudiant 5,10/3,20 € ; ⏲10h-18h mar-sam oct-mars et 10h-18h mar-sam avril-sept, 10h-14h30 dim ; 🚌55, 150)

Se restaurer

Palo Cortao

TAPAS **€€**

10 Plan p. 126, G2

Ce restaurant jouit d'une solide réputation pour ses fruits de mer et ses viandes très bien cuisinés à prix honnêtes. Mention spéciale pour le poulpe sur un lit d'houmous de haricots blancs, la hampe de bœuf au foie gras à l'armagnac et le *tataki* de thon en tempura. Tous les plats existent en demi-portion, ce qui permet d'en goûter davantage. (☎93 188 90 67 ; www.palocortao.es ; Carrer de Nou de la Rambla 14 ; plats 10-15 € ; ⏲20h-1h mar-dim et 13h-17h sam-dim ; M Paral·lel)

Quimet i Quimet

TAPAS **€€**

11 Plan p. 126, F1

Les générations se succèdent à la tête de Quimet i Quimet. L'espace, tapissé de bouteilles, est très réduit (pas de places assises), mais on s'y régale de *montaditos* (petites tapas servies sur une tranche de pain) préparés à la demande. (☎93 442 31 42 ; Carrer del Poeta Cabanyes 25 ; tapas 4-10 €, montaditos 3 € env ; ⏲12h-16h et 19h-22h30 lun-ven, 12h-16h sam ; M Paral·lel)

100% barcelonais

Rue de l'apéro

La **Carrer de Blai** (plan p. 126, F1), piétonne, est une superbe destination de flânerie vespérale : vous y trouverez un choix appétissant de bars à tapas, de cafés et de restaurants, bordés de terrasses. Les formules bière+tapas séduisent une foule enjouée en début de soirée.

Casa Xica

FUSION **€€**

12 Plan p. 126, D2

Dans le salon d'une maison ancienne, la Casa Xica présente un décor étudié mais une ambiance détendue. La carte imaginée par Marc et Raquel, les patrons qui ont vécu et voyagé en Asie, associe saveurs d'Extrême-Orient et produits frais catalans. (☎93 600 58 58 ; Carrer de la França Xica 20 ; assiettes à partager 9-15 € ; ⏲13h30-15h et 20h30-23h30 lun-sam ; M Poble Sec)

Fàbrica Moritz

CATALAN **€€**

13 Plan p. 126, G1

Avec l'aide de l'architecte Jean Nouvel et du cuisinier Jordi Vilà, cette microbrasserie tenue par l'équipe de la bière Moritz a ressuscité et rouvert en fanfare : c'est désormais un immense bar à vins-restaurant, où les tapas et les plats explorent tous les classiques catalans. Mais armez-vous de patience. (☎93 426 00 50 ; www.moritz.com ; Ronda de Sant Antoni 41 ; tapas à partir de 4 €, sandwichs 8-11 € ; ⏲6h-3h ; 🍴 ; M Sant Antoni)

Tickets
ESPAGNOL MODERNE €€€

14 Plan p. 126, D1

Derrière ce bar à tapas d'exception se cachent les frères Adrià : Ferran, du légendaire El Bulli (fermé en 2011), et Albert. Et contrairement à El Bulli, les tarifs sont ici abordables. Réservation impérative en ligne deux mois à l'avance (ou téléphonez pour les annulations de dernière minute). (606 225545 ; www.ticketsbar.es ; Avinguda del Paral·lel 164 ; tapas 5-27 € ; 18h30-22h30 mar-ven, 13h-15h et 19h-22h30 sam, fermé en août ; M Paral·lel)

Prendre un verre

La Caseta Del Migdia
BAR

15 Plan p. 126, E5

Vos efforts pour parvenir à ce simple *chiringuito* seront récompensés. La journée, on y boit une bière ou un café en contemplant la mer. À l'approche du coucher du soleil, l'atmosphère change au son d'une musique d'ambiance, de la samba au funk. Outre des boissons, l'endroit sert des grillades au barbecue. (617 956572 ; www.lacaseta.org ; Mirador del Migdia ; 20h-1h mer-ven, 12h-1h sam-dim, week-ends seulement l'hiver ; 150)

Bar Olimpia
BAR

16 Plan p. 126, F1

Ce sympathique petit bar de quartier vaguement rétro incarne une tranche de l'histoire de Barcelone. C'est ici et dans les rues alentour que se tenait le populaire Teatro Circo Olympia vers 1930. Le vermouth maison, le bon gin-

PHOTOJOPE/GETTY IMAGES ©

Bière et tapas

tonic et les en-cas (*quesadillas*, assiette de fromage, tartare de thon...) attirent aujourd'hui une clientèle variée. (606 200800 ; Carrer d'Aldana 11 ; 19h-1h mer-jeu, 19h-2h30 ven-sam, 18h-23h dim ; M Paral·lel)

La Terrrazza
CLUB

17 Plan p. 126, B3

Une des meilleures adresses en ville pour danser en été, la Terrrazza attire beaucoup de beau monde, aussi bien barcelonais qu'étranger, pour des nuits de musique et de cocktails, (en partie) sous les étoiles, au Poble Espanyol. ((687 969825 ; www.laterrrazza.com ; Avinguda de Francesc Ferrer i Guàrdia ; 15-20 € ; 0h30-6h jeu-sam, fermé oct-avr ; M Espanya)

Explorer

Le Camp Nou, Pedralbes et Sarrià

Emblème de l'identité catalane, le Camp Nou, stade du FC Barcelone, est l'un des plus grands temples sportifs du monde. En grimpant la colline, au nord, Sarrià offre avec ses airs de village un visage très différent de Barcelone : c'est un quartier cossu et sophistiqué qui ressemble peu au centre-ville touristique. Non loin, Pedralbes compte un monastère médiéval enchanteur.

L'essentiel en un jour

Comme la plupart des sites touristiques à Barcelone, le **Camp Nou** (ci-contre ; p. 136) est très fréquenté, mieux vaut donc arriver tôt pour éviter la foule de la mi-journée. Une ascension un peu longuette à pied (ou une rapide course en taxi) vous conduira aux petits **jardins del Palau de Pedralbes** (p. 139), superbement paysagés. Après ce grand bol de verdure, attablez-vous chez **Vivanda** (p. 140) pour un déjeuner d'exception.

Explorez les ruelles étroites du vieux Sarrià, en vous arrêtant pour déguster un chocolat chaud au **Foix de Sarrià** (p. 140) et les fameuses *patatas bravas* du **Bar Tomàs** (p. 140). Rejoignez à pied ou en taxi le pittoresque **Museu-Monestir de Pedralbes** (p. 139), un monastère médiéval bien conservé auquel vous pourrez consacrer le reste de l'après-midi.

Un match du Barça dans les tribunes du **Camp Nou** (p. 136), c'est une soirée assurément mémorable, et peut-être une victoire à fêter en trinquant chez **Lizarran** (p. 141). Enfin, rendez-vous sur sur la jolie Plaça de la Concòrdia pour un dernier verre au **El Maravillas** (p. 141).

Les incontournables

Le Camp Nou (p. 136)

Le meilleur du quartier

Restaurants

Vivanda (p. 140)

Bangkok Cafe (p. 141)

Comment y aller

Métro Descendez à Collblanc (ligne 5) ou Les Corts (ligne 3) pour le Camp Nou.

FGC Le plus simple pour aller à Sarrià (stations Sarrià et La Bonanova) et au Museu-Monestir de Pedralbes (Reina Elisenda) est de prendre le train de banlieue à la station Catalunya, en centre-ville.

Les incontournables
Le Camp Nou

Le FC Barcelone, l'un des clubs les plus prestigieux de la planète football, joue au Camp Nou, un stade à la hauteur de ses exploits. Construit en 1957 puis agrandi à l'occasion de la Coupe du monde de 1982, ce stade d'une capacité de 99 000 places compte parmi les plus grands au monde. Le stade et le club sont des piliers de la culture catalane. Pour en mesurer l'importance, assistez à un match ou visitez le stade et le musée interactif.

Plan p. 138, B4

www.fcbarcelona.com

Porte 9, Avinguda de Joan XXIII

Adulte/enfant 23/18 €

9h30-19h30 tlj avr-sept, 10h-18h30 lun-sam, 10h-14h30 dim oct-mars

M Palau Reial

À ne pas manquer

Un vrai match, en direct

Visiter un stade vide est une chose, mais rien ne remplace l'ambiance qui règne dans les tribunes quand les joueurs du Barça sont sur la pelouse. Vous pouvez acheter vos billets en ligne, dans une FCBotiga et dans les offices du tourisme, mais aussi à la billetterie du Camp Nou (porte 9).

Camp Nou Experience

Ce circuit non guidé commence par le musée du FC Barcelone, rempli d'installations multimédias, de trophées et de présentations historiques du club, de son rôle social et de ses liens avec l'identité catalane, suivi de la visite du stade.

Vestiaires et terrain

Le Camp Nou Experience vous emmène des vestiaires à la pelouse sacrée via le tunnel d'entrée des joueurs. Fouler le sol que tant de grands du football ont honoré de leurs prouesses suffira au bonheur des fans inconditionnels. L'itinéraire comprend aussi le studio de télévision, la salle de presse et les tribunes des commentateurs. Comptez environ 2 heures 30 pour tout voir.

FC Barcelona Megastore

Dans l'enceinte du stade, ce vaste magasin sur trois niveaux vend à peu près tout ce qu'on peut imaginer, frappé du célèbre blason bleu et grenat du Barça. On peut même commander à l'aide d'écrans tactiles des maillots personnalisés, avec son nom et son numéro préféré, et les obtenir le jour même.

À savoir

- Pour le circuit Camp Nou Experience, entrez par la porte 9 (Avinguda de Joan XXIII près du Carrer de Martí i Franquès).
- Les jours de match, les vendeurs à la sauvette sont légion : vérifiez la validité du billet avant tout achat.
- Si vous assistez à une rencontre, arrivez bien avant le coup d'envoi pour vous imprégner de l'atmosphère et trouver votre place dans ce stade immense.

Une petite faim ?

Des lieux en plein air où prendre un verre et se restaurer, dont une enseigne Tapas 24, se tiennent juste après les grilles (mais en dehors du stade proprement dit).

Lizarran (p. 141), à environ 15 minutes de marche, près de la Travessera de les Corts, sert tapas et boissons.

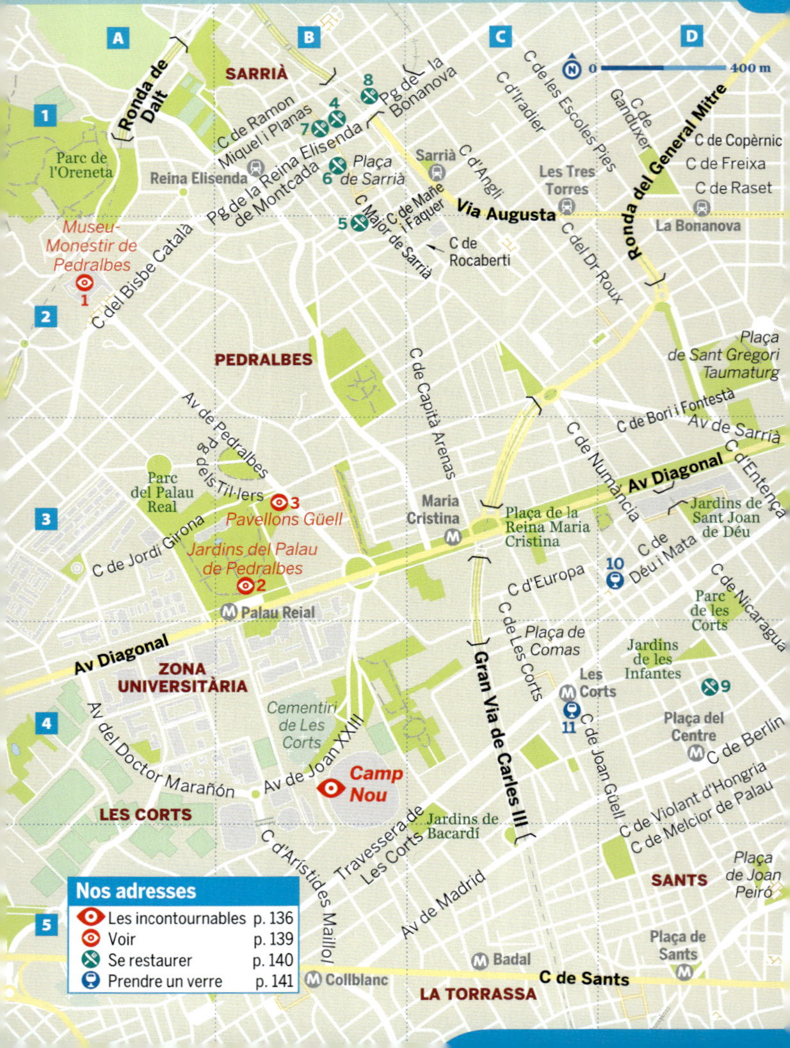
A
B
C
D
1
2
3
4
5
0
400 m
SARRIÀ
PEDRALBES
ZONA UNIVERSITÀRIA
LES CORTS
SANTS
LA TORRASSA
Ronda de Dalt
Parc de l'Oreneta
Reina Elisenda
Museu-Monestir de Pedralbes
1
C de Ramon Miquel i Planas
Pg de la Reina Elisenda de Montcada
C del Bisbe Català
Pg de la Bonanova
8
4
7
6
5
Plaça de Sarrià
Sarrià
C Major de Sarrià
C de Mañé i Flaquer
C de Rocaberti
C d'Iradier
C d'Anglí
C de les Escoles Pies
C de Ganduxer
Les Tres Torres
Via Augusta
Ronda del General Mitre
C de Copèrnic
C de Freixa
C de Raset
La Bonanova
C del Dr Roux
Plaça de Sant Gregori Taumaturg
C de Bori i Fontestà
Av de Sarrià
C d'Entença
Av Diagonal
C de Capità Arenas
Av de Pedralbes
Pg dels Til·lers
Parc del Palau Real
3
Pavellons Güell
Jardins del Palau de Pedralbes
2
C de Jordi Girona
Palau Reial
Maria Cristina
Plaça de la Reina Maria Cristina
C de Numància
Jardins de Sant Joan de Déu
C de Déu i Mata
10
C d'Europa
C de Les Corts
Plaça de Comas
Gran Via de Carles III
C de Nicaragua
Parc de les Corts
Jardins de les Infantes
9
Les Corts
11
C de Joan Güell
Plaça del Centre
C de Berlín
C de Violant d'Hongria
C de Melcior de Palau
Av Diagonal
Av del Doctor Marañón
Cementiri de Les Corts
Av de Joan XXIII
Camp Nou
Travessera de Les Corts
Jardins de Bacardí
C d'Arístides Maillol
Av de Madrid
Plaça de Joan Peiró
Plaça de Sants
Badal
Collblanc
C de Sants
Nos adresses
Les incontournables p. 136
Voir p. 139
Se restaurer p. 140
Prendre un verre p. 141

Voir

Museu-Monestir de Pedralbes

MONASTÈRE

1 Plan p. 138, A2

Ce beau couvent de style gothique fondé en 1326, aujourd'hui un musée de la vie monastique (les quelques religieuses qui y résident encore ont déménagé dans des bâtiments voisins plus modernes), se dresse en haut de l'Avinguda de Pedralbes. La zone résidentielle alentour, rurale jusqu'au XXe siècle, demeure l'un des coins les plus divinement tranquilles de Barcelone. (93 256 34 34 ; monestirpedralbes.bcn.cat ; Baixada del Monestir 9 ; tarif plein/réduit/- de 16 ans 5/3,50 €/gratuit, 15h-20h dim gratuit ; 10h-17h mar-ven, 10h-19h sam, 10h-20h dim avr-sept, 10h-14h mar-ven, 10h-17h sam, 10h-20h dim oct-mars ; 22, 63, 64, 75, FGC Reina Elisenda)

Jardins del Palau de Pedralbes

PARC

2 Plan p. 138, B3

À quelques pas de la bruyante Avinguda Diagonal se niche cette petite oasis de verdure enchanteresse : sculptures, fontaines, agrumes, bambouseraies, eucalyptus, cyprès élancés et recoins envahis de bougainvilliers vous attendent au détour de ses paisibles allées. Mais aussi des trésors méconnus, dont une pergola couverte de plantes grimpantes et une fontaine d'Hercule, deux créations de l'illustre Gaudí. (Avinguda Diagonal 686 ; 10h-20h avr-oct, 10h-18h nov-mars ; M Palau Reial)

100% barcelonais

Balade dans le vieux Sarrià

À l'ouest de la Via Augusta, le centre historique de Sarrià est une petite oasis largement piétonne. Probablement fondé au XIIIe siècle et incorporé à Barcelone en 1921 seulement, le vieux Sarrià s'organise autour de la sinueuse Carrer Major de Sarrià, où se mêlent aujourd'hui l'ancien et le moderne, avec quelques boutiques et restaurants. En haut, la rue s'ouvre sur la jolie **Plaça de Sarrià** (plan p. 138, B1). En descendant la rue, passez par la Plaça del Consell de la Vila, la Plaça de Sant Vicenç de Sarrià et la Carrer de Rocaberti, au bout de laquelle se dressent le Monestir de Santa Isabel et son cloître néogothique.

Pavellons Güell

ARCHITECTURE

3 Plan p. 138, B3

Non loin des jardins del Palau de Pedralbes se trouvent les écuries et le pavillon du gardien conçus en 1884 par Gaudí pour la Finca Güell, maison de campagne de l'industriel Eusebi Güell. Ces bâtiments s'inscrivent dans la période orientaliste de l'architecte. La grille d'entrée en fer forgé représentant un dragon, près de l'Avinguda de Pedralbes, retient particulièrement l'attention. On peut admirer l'ensemble dans le cadre d'une visite guidée (en anglais 10h15h, 11h15 et 15h), mais mieux vaut vérifier les horaires par téléphone car des fermetures inopinées surviennent parfois. (☎ 93 317 76 52 ; Avinguda de Pedralbes ; visite guidée adulte/enfant 4/2 € ; ⏲10h-16h ; M Palau Reial)

Se restaurer

Foix de Sarrià

PÂTISSERIE €

4 Plan p. 138, B1

Cette prestigieuse *pastelería* propose depuis 1886 des gâteaux et douceurs divinement bons, à emporter ou à savourer sur place, accompagnés d'un thé, d'un café ou d'un chocolat chaud. (☎ 93 203 04 73 ; www.foixdesarria.com ; Plaça de Sarrià 12-13 ; pâtisseries 2-5 € ; ⏲8h-21h ; FGC Reina Elisenda)

Bar Tomàs

TAPAS €

5 Plan p. 138, B2

Pour bien des Barcelonais, c'est au Bar Tomàs que l'on déguste les meilleures *patatas bravas* (pommes de terre sautées nappées de sauce tomate épicée) de la ville, si bien que, malgré l'éclairage fluo et le service bourru, toutes les couches de la société s'y pressent, notamment pour déjeuner le week-end. (☎ 93 203 10 77 ; Carrer Major de Sarrià 49 ; tapas 2,50-5,50 € ; ⏲12h-16h et 18h-22h lun-sam ; FGC Sarrià)

Santamasa

CATALAN €

6 Plan p. 138, B1

À côté de la ravissante église Sant Vicenç de Sarrià (XVIIIe siècle), voici un cadre agréable pour grignoter à toute heure. Carte étendue de *pizzetes* (petites pizzas) aux garnitures originales, salades, tartines, fondues, burgers, *quesadillas* et savoureux hors-d'œuvre à partager (houmous, guacamole...). (☎ 93 676 35 74 ; Carrer Major de Sarrià 97 ; plats 7-12 € ; ⏲9h-0h ; FGC Reina Elisenda)

Vivanda

CATALAN €€

7 Plan p. 138, B1

Confiés aux bons soins du célèbre chef catalan Jordi Vilà, les gourmets sont à la fête dans cette institution de Sarrià ; ils y piochent dans une carte qui change au gré des saisons (œufs à la truffe, riz à la seiche ou encore artichauts sauce romesco). L'un des plus beaux atouts du Vivanda est sa terrasse aux airs de jardin, cachée à l'arrière, et ouverte toute l'année grâce à des lampes chauffantes ; l'hiver, des couvertures et du bouillon sont proposés aux convives. (☎ 93 203 19 18 ; www.vivanda.cat ; Carrer Major de Sarrià 134 ; assiettes à partager 8-18 € ; ⏲13h30-15h30 mar-dim, 20h30-23h mar-sam ; FGC Reina Elisenda)

5º Pino

CATALAN €€

8 Plan p. 138, B1

En balade à Sarrià, n'hésitez pas à pousser quelques rues plus à l'est pour découvrir cet adorable café-restaurant où les habitants aiment se retrouver pour un verre, un sandwich, une salade, de la tortilla ou des tapas. Bien que située sur une artère passante, sa terrasse à l'ombre des pins reste agréable, et les parents apprécieront l'aire de jeux attenante (essentiellement

PAMELA R/SHUTTERSTOCK ©

Vin et tapas

destinée aux moins de 6 ans). (Quinto Pino ; ☎93 252 22 81 ; www.quintopino.es ; Passeig de la Bonanova 98 ; sandwichs 9-13 €, tapas 4-8 € ; ⏲8h30-1h30 lun-ven, 10h-1h30 sam-dim ; FGC Sarrià)

Bangkok Cafe

THAÏ €€

9 Plan p. 138, D4

Une envie dévorante de cuisine thaïe ? Le Bangkok Cafe vaut largement le détour, pour sa salade de papaye verte épicée, sa *tam yam kung* (soupe de crevettes relevée), ses crevettes croustillantes à la sauce aux prunes, ses curries rouges et autres délices, que l'on ose servir ici plus épicés que la moyenne en Catalogne. (☎93 339 32 69 ; Carrer d'Evarist Arnús 65 ; plats 10-13 € ; ⏲19h45-23h mar-dim et 13h-15h30 ven-dim ; M Plaça del Centre)

Prendre un verre

El Maravillas

BAR À COCKTAILS

10 Plan p. 138, D3

Donnant sur la paisible Plaça de la Concòrdia, ce bar pimpant a des allures de repaire secret, surtout quand on arrive des ruelles bondées de la *ciutat vella* (vieille ville). Il ne comporte que quelques tables, mais se prolonge en terrasse sur la place par beau temps. Cocktails créatifs, bons vins rouges espagnols et vermouths gouleyants. (☎93 360 73 78 ; Plaça de la Concòrdia 15 ; ⏲12h-0h lun-jeu, 12h-2h ven-sam ; M Maria Cristina)

Lizarran

BAR

11 Plan p. 138, C4

À 15 minutes à pied du Camp Nou, voilà une bonne adresse pour prendre un verre avant ou après un match : la bière à petit prix coule à flots, la carte des tapas est correcte, et la terrasse agréable par beau temps. (Carrer de Can Bruixa 6 ; ⏲8h-0h dim-jeu, 8h-2h ven-sam ; M Les Corts)

Coca-Cola

Barcelone selon ses envies

Les plus belles balades

Envie de...

Bar Marsella (p. 49), El Raval
FERNANDO VAZQUEZ MIRAS/GETTY IMAGES ©

Les plus belles balades

La vieille ville en 1 jour

Itinéraire

C'est dans le Barri Gòtic, la Ribera et El Raval qu'est née Barcelone. Le Barri Gòtic est le cœur et l'âme de la vieille ville, tandis qu'El Raval est un mélange vibrionnant de boutiques vintage et de multiculturalisme. La Ribera, avec El Born, incarne la quintessence de Barcelone : un summum de coolitude, combiné à des sites historiques indémodables. Cette balade dans ces quartiers vous fera découvrir de fabuleux musées, des témoignages de l'Antiquité, l'irrésistible Rambla et de petites places intimes.

Départ Museu Picasso ; Ⓜ Jaume I

Arrivée MACBA ; Ⓜ Universitat

Distance et durée 2,5 km ; 2 heures

Une petite faim ?

Art déco et bohème, le **Cafè de L'Òpera** (p. 25) est installé sur la Rambla depuis 1929 et constitue l'endroit parfait pour une pause dans la vieille ville.

ANSHAR/SHUTTERSTOCK©

La cathédrale (p. 28)

1 Musée Picasso

Le **Museu Picasso** (p. 58) se visite mieux tôt le matin, c'est donc le lieu idéal pour commencer la balade. Outre les premières toiles de Picasso, ce musée se distingue par les demeures médiévales admirablement bien préservées qui l'abritent.

2 Basílica de Santa Maria del Mar

La Carrer de Montcada, ruelle typique de la vieille ville (étroite, animée et menant à un lieu intéressant), est bordée de bons bars à tapas. Elle s'ouvre à gauche sur le joli Passeig del Born ombragé, à droite sur la **Basílica de Santa Maria del Mar** (p. 62). Gracieuse, lumineuse et élégante, cette église est emblématique du gothique catalan.

3 La cathédrale

La porte sud-ouest de l'église donne sur la Plaça de Santa Maria del Mar, une jolie petite place d'où la rue piétonne Carrer de l'Argenteria conduit vers le nord-ouest et le Barri Gòtic. Passez les vestiges des fortifications romaines, et continuez jusqu'au joyau gothique du plus vieux quartier de Barcelone, la **cathédrale** (p. 28), à la fois austère et richement décorée.

❹ Plaça de Sant Josep Oriol

La **Plaça de Sant Josep Oriol**, dominée par la majestueuse **Església de Santa Maria del Pi** (p. 34) et bordée de bars et d'échoppes à l'ancienne, est l'une des plus charmantes du Barri Gòtic. On vient y grignoter ou prendre un verre en terrasse.

❺ Plaça Reial

C'est par d'autres petites ruelles que l'on débouche sur la plus grandiose des places du vieux Barcelone : la **Plaça Reial** (p. 34) recèle sous ses arcades maints bars et restaurants et se démarque par d'extravagants réverbères signés du jeune Gaudí.

❻ La Rambla

Coupant à travers le vieux Barcelone, la **Rambla** (p. 24) conduit une nuée de passants de l'Eixample jusqu'à la mer. Traversez cette marée humaine en direction du nord-ouest pour atteindre El Raval du côté gauche de la rue.

❼ MACBA

Le **MACBA** (p. 51) figure parmi les meilleurs musées d'art de Barcelone. Alliant une collection moderne, une fascinante architecture contemporaine et un ancien monastère, l'endroit est représentatif de Barcelone.

Les plus belles balades

Barcelone moderniste

Itinéraire

L'architecture moderniste, personnifiée notamment par Antoni Gaudí, sert de signature visuelle à Barcelone. C'est dans l'Eixample que se concentre la majorité des édifices modernistes : des façades ondoyantes, des intérieurs fantasmagoriques, des toits exubérants et pas la moindre ligne droite en vue, l'Eixample ne ressemble à aucun autre paysage urbain. Ce circuit permet de comprendre pourquoi tant de visiteurs reviennent, encore et encore, dans cette ville époustouflante.

Départ Plaça de Catalunya ; Ⓜ Catalunya

Arrivée La Sagrada Família ; Ⓜ Sagrada Família

Distance et durée 3 km ; 3 heures

Une petite faim ?

Les chefs des restaurants de tapas de Barcelone sont à la cuisine contemporaine ce que Gaudí était à l'architecture du début du XXe siècle : rendez-vous au très renommé **Tapas 24** (p. 101) pour en avoir un aperçu.

ARSENIY KRASNEVSKY/SHUTTERSTOCK ©

Casa de les Punxes

1 Casa Amatller

Le Passeig de Gràcia, les Champs-Élysées barcelonais, arbore, presque en son milieu, de formidables immeubles modernistes. La **Casa Amatller** (p. 98), chef-d'œuvre de Josep Puig i Cadafalch, surmontée de pignons rappelant l'Europe du Nord, est remarquable.

2 Casa Batlló

Vous reconnaîtrez la **Casa Batlló** (p. 92) à la dizaine de badauds qui, en permanence, observent la façade d'un air impressionné et amusé. Joignez-vous à eux, et faites durer cet émerveillement en entrant dans la maison, où Gaudí a totalement bouleversé la conception de l'espace intérieur.

3 Fondation Antoni Tàpies

Conçue par Domènech i Montaner, la **Fundació Antoni Tàpies** (p. 99), toute de brique et de métal, mêle ornementations d'inspiration mauresque et motifs de fantaisie pure. Levez les yeux vers l'enchevêtrement chaotique et débridé qui la surmonte, œuvre d'Antonio Tàpies en personne, dont les toiles fascinantes sont à découvrir à l'intérieur.

❹ Pedrera

Un peu plus haut, sur le Passeig de Gràcia, la **Pedrera** (p. 90) arbore également une jolie façade typique du style de Gaudí. Mais ce sont l'intérieur (au grenier, on croit pénétrer dans un fossile, et dans l'appartement, dans un rêve) et le toit qui font de cet immeuble une œuvre de génie.

❺ Palau del Baró Quadras

Les modernistes s'inspirèrent de tous les styles, du gothique à l'oriental, comme l'illustre parfaitement le **Palau del Baró Quadras** (p. 99), œuvre de Puig i Cadafalch, grand génie du modernisme.

❻ Casa de les Punxes

Puig i Cadafalch conçut aussi cette maison, entre esthétique moderniste et conte de fées enfantin. Cette fantaisie néogothique est surmontée de tourelles semblables à des chapeaux de sorcières.

❼ Sagrada Família

Rien n'égale la **Sagrada Família** (p. 108). Le chef-d'œuvre inachevé de Gaudí est tout simplement l'une des plus grandes créations architecturales au monde, à la fois le point culminant du style moderniste et une œuvre d'une telle originalité qu'elle mériterait sa propre catégorie.

Les plus belles balades

Barcelone pour les gourmets

Itinéraire

Barcelone est synonyme de gastronomie de haut vol, et vous pourrez l'apprécier de bien des façons : bars à tapas intemporels, restaurants étoilés, marchés animés et petites épiceries proposant depuis plus d'un siècle les meilleurs produits locaux. Les plaisirs de la table, érigés ici au rang de philosophie, sont l'un des meilleurs moyens de découvrir l'âme barcelonaise. Commencez votre initiation avec cette balade.

Départ Quimet i Quimet ; Ⓜ Paral·lel

Arrivée Comerç 24 ; Ⓜ Arc de Triomf

Distance et durée 3,5 km ; 3-4 heures

Une petite faim ?

Dans un cadre d'inspiration médiévale en plein Barri Gòtic, le **Cafè de l'Acadèmia** (p. 36) sert une cuisine catalane d'exception, à savourer en terrasse sur la place lorsque le soleil est au rendez-vous.

Mercat de la Boqueria (p. 46)

1 Quimet i Quimet

Dans une ville dont la renommée mondiale repose en partie sur les bars à tapas, choisir un favori n'est pas chose aisée, mais **Quimet i Quimet** (p. 132) arrive toujours en bonne place. Tapas catalanes, bouteilles de tous les alcools imaginables et une atmosphère agréable composent une recette quasi parfaite.

2 Granja M Viader

La **Granja M Viader** (p. 49), dans El Raval, est l'incarnation la plus célèbre de la tradition barcelonaise des cafés. Ses chocolats chauds sont réputés et l'ambiance est au carrefour entre *diner* américain et Barcelone du XIXe siècle.

3 Mercat de la Boqueria

Le meilleur marché de Barcelone, le **Mercat de la Boqueria** (p. 46), est le plus accessible des temples de la gastronomie barcelonaise. C'est ici que les grands chefs s'approvisionnent, et l'endroit déborde de couleurs, de produits de qualité et de gens qui prennent la nourriture au sérieux.

❹ Caelum

Les couvents de tout le pays font beaucoup pour la gastronomie espagnole. Nombre de leurs produits sont en vente chez **Caelum** (p. 40), aux côtés d'autres gourmandises artisanales rares. Prenez le temps de boire un café dans le sous-sol médiéval.

❺ Formatgeria La Seu

À mille lieues de la production industrielle, cette petite boutique ne vend que le nec plus ultra des fromages fermiers espagnols et son offre change régulièrement. Sympathiques dégustations de vins et de fromages dans l'arrière-salle cosy.

❻ Hofmann Pastisseria

Il n'y a jamais de mauvais moment pour s'offrir un croissant à la framboise, un cookie aux noisettes ou autres appétissants gâteaux, surtout s'ils viennent de la **Hofmann Pastisseria** (p. 74).

❼ Bormuth

Bormuth (p. 70) surfe sur la vague des restaurants qui associent les tapas à l'ancienne à un décor et un service actuels. Les grands classiques – *patatas bravas, ensaladilla* (salade russe), tortilla – y côtoient des plats plus inattendus et très bien cuisinés, comme le poivron rouge grillé au boudin noir.

Envie de... Restaurants

Barcelone fait partie des capitales culinaires européennes, et rares sont les quartiers dépourvus de restaurants réputés. Si la cuisine traditionnelle catalane domine, on trouve aussi des laboratoires d'expérimentation gastronomique ultramodernes et des spécialités de toute l'Espagne.

LOOK DIE BILDAGENTUR DER FOTOGRAFEN GMBH/ALAMY STOCK PHOTO ©

La nouvelle vague catalane

Des chefs avant-gardistes ont fait connaître la Catalogne dans le monde entier grâce à leurs expérimentations culinaires, à leur amour des produits et à leurs variations ébouriffantes autour des traditions. C'est tout le concept de gastronomie qui est ici déconstruit : liquides transformés en espuma, produits inattendus devenus "sorbets" ou lyophilisés en explosions de saveurs, dressage façon œuvre d'art grâce à la sphérification.

Traditions indémodables

La cuisine catalane met en vedette les plus beaux produits de la Méditerranée : poissons, fruits de mer, porc, lapin, gibier, huile d'olive et ail à gogo. Parmi les classiques figurent d'étonnantes associations : couteaux aux pois chiches, porc fumé et caviar, lapin aux crevettes ou oie aux poires.

La mer à table

Nombre de restaurants barcelonais ont une carte iodée. La Barceloneta tire parti de sa situation en bord de mer avec une gamme de tables mitonnant paellas et délicieux poissons grillés. L'*arròs a la marinera* ("riz à la marinière"), la *fideuà* (variante de paella, aux pâtes), le *suquet* (soupe de poisson) et la *bollabessa de peix i marisc* (bouillabaisse catalane) sont des recettes à découvrir.

Cuisine catalane traditionnelle

Cafè de l'Acadèmia Une cuisine de haute volée dans un joli coin du Barri Gòtic. (p. 36)

Suculent Des recettes traditionnelles, préparées à la perfection par la star des fourneaux Carles Abellán. (p. 53)

Mam i Teca La tradition respectée à la lettre dans El Raval. (p. 52)

Casa Calvet Pour un dîner inoubliable dans un édifice de Gaudí. (ci-contre ; p. 104)

Vivanda Excellente cuisine catalane à savourer au jardin toute l'année. (p. 140)

La Vinateria del Call Un cadre médiéval romantique et de succulentes recettes traditionnelles. (p. 35)

Can Culleretes Plats traditionnels et bon rapport qualité/prix pour le doyen des restaurants barcelonais. (p. 31)

Produits de la mer

Passadís del Pep Adresse secrète des Barcelonais pour des fruits de mer de prime fraîcheur. (p. 70)

La Cova Fumada Boui-boui animé de la Barceloneta où se régaler de tapas marines. (p. 79)

Barraca Paellas et autres plats de riz mettent l'eau à la bouche dans cette adresse appréciée du front de mer. (p. 86)

Can Maño Une taverne sans chichis où les fruits de mer sont excellents et abordables. (p. 86)

Cuisine avant-gardiste

Disfrutar La nouvelle table avant-gardiste dont on parle le plus. (p. 104)

Cinc Sentits Un laboratoire de cuisine créative, étoilé au Michelin. (p. 104)

Pla Cadre à l'ancienne et associations inventives de saveurs inspirées des traditions locales. (p. 38)

Tickets La vitrine de la *nueva cocina española* à Barcelone par Albert Adrià. (p. 133)

Cuisine végétarienne

Flax & Kale Une approche vraiment créative, avec d'appétissantes salades de toutes les couleurs. (p. 52)

Rasoterra Des recettes sans viande inventives, aux influences cosmopolites, de l'Europe à l'Orient. (p. 36)

Amaltea Une adresse chère aux végétariens de Barcelone, dans l'Eixample. (p. 101)

Cuisine internationale

Koy Shunka Installé au comptoir, admirez les chefs préparer des sushis parfaits. (p. 38)

El Atril Carte d'inspiration australienne (filet de kangourou compris) et terrasse. (p. 71)

Bangkok Cafe De loin le meilleur restaurant thaï de tout Barcelone. (p. 141)

Casa Delfín De délicieuses recettes méditerranéennes dans un cadre charmant. (p. 71)

Douceurs

Foix De Sarrià Haut lieu de la pâtisserie raffinée depuis 1886. (p. 140)

Caelum Les gourmands s'attablent ici dans l'agréable café ou, au sous-sol, dans la salle au cachet médiéval. (p. 40)

Vaut le détour

Dans le Poblenou, au nord-ouest de la Barceloneta, **Can Recasens** (☎ 93 300 81 23 ; Rambla del Poblenou 102 ; plats 7-15 € ; 🕒 21h-1h lun-sam et 13h-16h sam ; M Poblenou) est un dédale de salles chaleureuses décorées de tableaux et de guirlandes lumineuses. Mais c'est surtout la cuisine qui émerveille : salades, fondues, charcuteries, fromages et généreuses tartines, telles celle au brie et aux champignons sauvages ou celle à la *escalivada* (légumes grillés) et gruyère.

Envie de... Tapas

Les tapas, ces amuse-gueules ingénieux, sont un pilier de la culture culinaire barcelonaise. Comme en toutes choses sur la table catalane, le choix de tapas est extraordinaire, allant des fruits de mer servis à même leur conserve (comme les aiment les Catalans) à d'étonnants mélanges de saveurs nés dans quelque laboratoire gourmet.

Bars à tapas

Ce n'est pas pour rien si l'on parle de "bars", plus que de "restaurants" à tapas : les tapas accompagnent généralement un verre (ou plusieurs), et se dégustent souvent au bar, assis sur un tabouret voire debout, dans la convivialité. L'essentiel de ces délicieuses bouchées étant souvent préparé à l'avance, c'est la formule idéale pour manger rapidement sur le pouce, ou pour découvrir la ville, ses ambiances et ses saveurs via un petit circuit des bars à tapas.

Tapas, mode d'emploi

Prenez place au bar ou bien à une table (quand il y en a), commandez à boire – un verre de *txacolí* (vin blanc légèrement pétillant, d'origine basque) ou de *cava* (vin mousseux) ou une *caña* (bière pression) bien fraîche par exemple – et choisissez vos tapas. Dans certains bars, les bouchées sont proposées sur des plateaux, en libre-service.

Les tapas sont souvent servies sous la forme de *montaditos* (présentés sur une tranche de pain) garnis de délices variées, de l'association roquefort-noix au généreux morceau de chorizo. Les cure-dents qui les accompagnent facilitent la dégustation, mais aussi l'addition : le serveur les comptera pour établir votre note.

LUCIA LAMBRIEX/GETTY IMAGES ©

À savoir

- Les tapas se dégustent en apéritif ; en faire un repas complet peut revenir cher.
- La *tapa* est une petite portion, mais ces recettes sont souvent proposées aussi au format *ración* (équivalent d'une assiette) et *media ración* (demi-assiette).

Tapas traditionnelles

Quimet i Quimet Des tapas auréolées de prix gastronomiques, une excellente sélection de vins et de la bière brassée par la maison depuis cinq générations. (p. 132)

Pintxos, les tapas basques

La Cova Fumada Une adresse sans chichis et toujours bondée, à la hauteur de sa réputation. (p. 79)

Bar Pinotxo Installez-vous au comptoir de cette adresse légendaire de la Boqueria. (p. 47)

El Xampanyet Des anchois à foison dans une atmosphère intemporelle. (p. 65)

Elisabets Inchangé depuis des décennies, bon *fuet* (saucisson) catalan et petits sandwichs. (p. 49)

Bar Ramón Empilez les petites assiettes dans ce bar à l'ancienne et à l'esprit rock. (p. 125)

Cal Pep Tapas traditionnelles avec une touche d'originalité servies dans ce bar établi de longue date. (p. 65)

Vaso de Oro Crevettes grillées juste comme il faut, dans la Barceloneta. (p. 79)

Bar Tomàs Bar rustique aux inimitables *patatas bravas* (pommes de terre sautées à la sauce tomate légèrement épicée). (p. 140)

Tapas design

Tickets Célèbre restaurant d'Albert Adrià, star de la cuisine moléculaire. (p. 133)

Tapas 24 Variations sur les tapas traditionnelles dans un sous-sol branché de l'Eixample. (p. 101)

Cata 1.81 Tapas inspirées du monde entier. (p. 102)

Palo Cortao Nouvelle vedette du Poble Sec pour ses assiettes à partager exceptionnelles. (p. 132)

Bormuth Un mélange appétissant de tapas classiques et inventives, à accompagner de vermouth. (p. 70)

Kaiku Jolie table de la Barceloneta aux plats délicieusement créatifs. (p. 84)

Belmonte Recettes novatrices et cadre chaleureux, dans le Barri Gòtic. (p. 36)

Tapas régionales

Euskal Etxea Le comptoir de ce bar d'El Born présente des montagnes de *pintxos* basques. (p. 65)

Bar del Pla Ce bar réinvente les tapas espagnoles. (p. 65)

Envie de... Shopping

Barcelone est une excellente destination shopping. Mode, articles de maison, épiceries, marchés, meubles anciens et artisanat, tout dénote un sens du style à nul autre pareil. L'Eixample et les rues autour de l'emblématique Passeig de Gràcia constituent un véritable temple de la mode, et les boutiques dissimulées dans les étroites ruelles de la vieille ville cachent de vrais petits trésors.

Mode

Les boutiques des grandes marques espagnoles côtoient celles de créateurs catalans renommés, tel l'éternel Armand Basi ou Custo Dalmau, à la mode ludique et espiègle. De même, toutes les enseignes internationales ont leurs quartiers à Barcelone. Les rues en damier au cœur de l'Eixample, surnommées le Quadrat d'Or (carré d'or), rassemblent les boutiques de luxe.

Alimentation

Si les marchés alimentaires tiennent le haut du pavé, Barcelone recèle aussi de petites épiceries fines, idéales pour préparer un pique-nique ou acheter des souvenirs. Certaines n'ont pas changé depuis un siècle, d'autres, comme savent si bien le faire les Barcelonais, surfent sur de nouvelles tendances.

Mobilier ancien et articles de maison

La vieille ville de Barcelone (le Barri Gòtic, la Ribera et El Raval) est l'endroit idéal pour se lancer à la chasse au trésor. C'est dans ces ruelles sinueuses que survivent les traditions, sous la forme de meubles anciens, d'artisanat original ou de mobilier rétro. L'Eixample concentre les magasins de déco où l'on trouve les articles des créateurs les plus pointus.

Boutiques de mode et de design

La Manual Alpargatera Célèbre boutique d'antan du Barri Gòtic spécialisée dans les espadrilles. (p. 43)

Amapola Vegan Shop Chaussures, sacs et accessoires réalisés sans matières animales. (p. 113)

Regia Parfumerie mythique de l'Eixample depuis les années 1920. (p. 106)

Magnesia Caverne d'Ali Baba de Gràcia où dénicher mille idées de cadeaux. (p. 113)

Loisaida Mode homme et femme, antiquités et vinyles rétro. (p. 75)

Lurdes Bergada Prêt-à-porter mixte de qualité. (p. 94)

DIMBAR76/SHUTTERSTOCK ©

Espadrilles colorées en devanture

Bagués-Masriera Cette bijouterie propose des pièces inspirées des belles lignes modernistes. (p. 95)

Alimentation

Mercat de la Boqueria Marché de produits frais et cœur de la culture culinaire de Barcelone. (p. 46)

Caelum Confiseries, conserves et biscuits fabriqués dans les couvents du pays. (p. 40)

Casa Gispert Des fruits secs en pagaille, mais aussi des chocolats, des conserves et des huiles d'olive. (p. 74)

Foix de Sarrià Des gâteaux et pâtisseries presque trop beaux pour être mangés. (p. 140)

Joan Múrria Le haut du panier de l'épicerie fine, en provenance de Catalogne et de toute l'Espagne. (p. 107)

Antiquités et articles de maison

Marché du Port Antic Cette petite "brocanteria" animée investit tous les week-ends le bout de la Rambla. (p. 87)

El Bulevard dels Antiquaris Un dédale de petits antiquaires auxquels consacrer une bonne matinée d'exploration. (p. 106)

Vaut le détour

Au nord-est de l'Eixample, le marché aux puces le plus authentique de Barcelone, **Els Encants Vells** (Fira de Bellcaire ; 93 246 30 30 ; www.encantsbcn.com ; Avingunda Meridiana 69 ; 9h-20h lun, mer, ven et sam ; M Glòries), cache de bonnes affaires parmi de vieilles paires de chaussures, des objets divers, des meubles anciens et des vêtements. Le matin, le choix est plus vaste.

Envie de... Architecture

Rares sont les villes qui se définissent autant par leur architecture que Barcelone. Aux ondulations étranges et merveilleuses des créations de Gaudí font écho d'innombrables fantaisies modernistes à travers la ville. Mais l'architecture de Barcelone est un riche palimpseste : elle s'est fondée sur la grandeur gothique et perdure aujourd'hui dans un esprit d'innovation qui ajoute encore à l'attrait de ce remarquable paysage urbain.

Barcelone gothique

Barcelone est l'une des capitales européennes de l'architecture gothique, dont les joyaux ont largement inspiré les modernistes. Le gothique catalan a suivi sa propre voie, avec un usage des décors plus mesuré qu'ailleurs et un goût plus prononcé pour l'ampleur des constructions que pour le fameux élancement gothique.

Les modernistes

Le modernisme, apparu à Barcelone dans les années 1880, à la Belle Époque, suggère un rejet de l'ancien ; pourtant les pionniers de ce style se sont profondément inspirés du passé, y puisant tous azimuts des influences pour mieux faire voler en éclats le carcan des règles établies. Pour beaucoup, le modernisme se résume à Gaudí (1852-1926), mais il fut loin d'être le seul. Lluís Domènech i Montaner (1850-1923) et Josep Puig i Cadafalch (1867-1957) ont offert de splendides constructions à la ville.

Architecture contemporaine

Une constante ouverture d'esprit, alliée aux dernières tendances de l'art et du design, fait de Barcelone un terrain propice à accueillir les innovations audacieuses d'architectes locaux et internationaux.

Grandeur gothique

La cathédrale Joyau gothique de la vieille ville, à la fois extravagante et sobre. (p. 28)

Basílica de Santa Maria del Mar Probablement l'emblème du gothique catalan. (p. 62)

Església de Santa Maria del Pi Un bijou du XIVe siècle à l'éblouissante rosace. (p. 34)

Museu Marítim Dans les anciens chantiers navals gothiques, entre le bord de mer et le bout de la Rambla. (ci-dessus ; p. 82)

Museu-Monestir de Pedralbes Monastère du XIVe siècle doté d'un superbe cloître à trois niveaux. (p. 139)

Museu Picasso Des demeures gothiques

BUSÀ PHOTOGRAPHY/GETTY IMAGES ©

La fondation Antoni Tàpies

habilement transformées en musée. (p. 58)

Le meilleur de Gaudí

La Sagrada Família Le chef-d'œuvre inachevé de Gaudí. (p. 108)

La Pedrera Incroyable immeuble d'habitations au toit féerique. (p. 90)

Casa Batlló Saisissant. Dehors comme dedans. (p. 92)

Palau Güell Seul édifice de Gaudí de la vieille ville. (p. 51)

Parc Güell L'espièglerie du maître dans toute sa splendeur. (p. 114)

Fantaisies modernistes

Palau de la Música Catalana L'époustouflante salle de concert de Domènech i Montaner. (p. 68)

Casa Amatller Voisine de la Casa Batlló, l'œuvre de Josep Puig i Cadafalch se démarque par son toit à pignon. (p. 98)

Casa Lleó Morera Une opulente façade ornée de nymphettes, de coupoles et de vitraux. (p. 98)

Fundació Antoni Tàpies Domènech i Montaner a conçu ce chef-d'œuvre de brique et de métal. (p. 99)

Recinte Modernista de Sant Pau D'opulents pavillons du même architecte de génie, au nord de la Sagrada Família. (p. 108)

Palau del Baró Quadras Vitraux et fantaisies néogothiques, par Puig i Cadafalch. (p. 99)

Vaut le détour

Chef-d'œuvre de Gaudí récemment sauvé de l'oubli, la **Casa Bellesguard** (☎ 93 250 40 93 ; www.bellesguardgaudi.com ; Carrer de Bellesguard 16 ; 9 € ; 10h-15h mar-dim ; FGC Avinguda Tibidabo) aux allures de forteresse présente une synthèse des styles gothique et moderniste. Des visites guidées (16 €) en anglais ont lieu le week-end à 11h. Le reste du temps, on peut découvrir l'intérieur et le jardin avec un audioguide.

Envie de... Art et design

Depuis des siècles, Barcelone est le pôle d'attraction de grands artistes catalans et espagnols : ses rues, places, parcs et galeries d'art sont jalonnés d'œuvres d'hier et d'aujourd'hui. Des sculpteurs modernistes, tel Josep Llimona, aux vedettes internationales, comme Roy Lichtenstein et Joan Miró, tous ont laissé leur empreinte.

Art de rue

Depuis le retour de la démocratie à la fin des années 1970, la municipalité a encouragé l'installation dans l'espace public d'œuvres contemporaines parfois grandioses – et souvent incompréhensibles. Au quotidien, les Barcelonais côtoient ainsi de grands artistes : Frank Gehry, avec sa sculpture de poisson en bord de mer, vers le Port Olímpic, Joan Miró et sa mosaïque sur la Rambla, ou encore Antoni Tàpies et sa stupéfiante sculpture en lisière du parc de la Ciutadella. Sur la Plaça de Sant Miquel, près de l'hôtel de ville, une haute création tout en fils métalliques entrelacés rend hommage aux *castellers* (châteaux humains).

Art du XXe siècle

Picasso et Miró, deux grands noms du XXe siècle, entretenaient des liens étroits avec Barcelone, à laquelle ils ont laissé un riche patrimoine artistique. Vous pourrez ainsi découvrir des œuvres décisives du jeune Picasso, ainsi que la collection la plus exhaustive de Miró. Hormis ces figures internationales, Barcelone n'est pas parvenue à s'affirmer comme un creuset artistique majeur et reste dominée par des personnalités comme Antoni Tàpies. Adepte de l'autoportrait au début de sa carrière, il s'essaya au collage avec des matériaux hétéroclites, du bois aux grains de riz.

Art et design du XXe siècle

Museu Picasso
Les œuvres de Picasso avant le cubisme. (p. 58)

Fundació Joan Miró
Les travaux de Joan Miró, des années de formation aux œuvres plus tardives. (p. 122)

Fundació Antoni Tàpies
Œuvres de Tàpies et expositions d'art contemporain. (p. 99)

Museu Nacional d'Art de Catalunya
Art moderne catalan à l'étage du plus beau musée d'art de Barcelone. (p. 118)

MACBA Superbe collection d'art contemporain local et international. (ci-dessus ; p. 51)

EWG3D/GETTY IMAGES ©

Réverbère dessiné par Gaudí, Plaça Reial (p. 34)

Fundació Suñol Riche collection privée de photographies, sculptures et peintures (certaines de Picasso). (p. 100)

Centre de Cultura Contemporània de Barcelona Expositions de premier ordre, souvent centrées sur la photographie. (p. 51)

CaixaForum Espace artistique dynamique dans un bel édifice moderniste aménagé. (p. 128)

Museu del Modernisme Barcelona Mobilier réalisé par des modernistes (dont Gaudí). (p. 100)

Art de rue

Homenatge a la Barceloneta Hommage de Rebecca Horn au front de mer de la Barceloneta d'avant les Jeux olympiques. (p. 84)

Mosaïque de Miró L'œuvre de l'icône artistique de Barcelone orne le sol de la Rambla. (p. 26)

Lampadaires de Gaudí Une des premières commandes du jeune génie, sur la Plaça Reial du Barri Gòtic. (p. 34)

Vaut le détour

Surnommé la *grapadora* (l'agrafeuse) par les Barcelonais, le **Museu del Disseny de Barcelona** (93 256 68 00 ; www.museudeldisseny.cat ; Plaça de les Glòries Catalanes 37 ; exposition permanente/temporaire 6/4 €, billet combiné 8 € ; 10h-20h mar-dim ; M Glòries) à l'architecture plutôt brutaliste rassemble une formidable collection couvrant la mode, la céramique, le textile, les arts graphiques et le design industriel.

Envie de... Parcs et plages

Les rues étroites de la vieille ville de Barcelone peuvent parfois paraître oppressantes. Mais dès que l'on en sort, la ville se révèle lumineuse et spacieuse : ses parcs, ses jardins et ses longues plages de sable, où les habitants adorent flâner, lui confèrent un air décidément méditerranéen.

Beaux espaces verts

Très appréciés, les divers parcs et jardins qui ceinturent le centre de Barcelone à l'est, à l'ouest et au nord se prêtent idéalement aux pique-niques ou aux balades, loin de la circulation et du tourisme de masse. Le parc de la Ciutadella et le parc Güell sont peut-être les plus célèbres, mais c'est la colline escarpée de Montjuïc, qui surplombe la ville à l'ouest, qui offre les meilleures possibilités d'échapper au vacarme urbain.

Plaisirs balnéaires

L'histoire d'amour qui lie Barcelone à la mer fut marquée par l'aménagement, en 1992, du front de mer en élégante promenade, à l'occasion des Jeux olympiques. Heureusement, tout ce qui existait auparavant n'a pas disparu, et la Barceloneta conserve son charme d'autrefois. Le quartier combine tous les atouts de la Méditerranée : délicieux fruits de mer, environnement agréable et plages avoisinantes. Certes, il existe de plus belles plages en dehors de Barcelone, mais ces étendues de sable urbain possèdent un indéniable avantage : se trouver à deux pas, ou à portée de métro, d'une ville que le monde entier adore.

À savoir

- Préparez votre pique-nique au Mercat de Santa Caterina (p. 68) en chemin vers le parc de la Ciutadella.
- Même chose au Mercat de la Boqueria (p. 46) avant d'aller aux jardins de Montjuïc.
- L'offre de restauration étant maigre au parc Güell, là aussi, le pique-nique s'impose.

Plage de Nova Icària

Parcs et jardins

Parc Güell Le parc préféré de tous, où l'excentricité de Gaudí rencontre l'art paysager. (p. 114)

Parc de la Ciutadella Parc ombragé, abritant le Parlement, un zoo et de l'art public. (p. 68)

Jardins de Mossèn Cinto de Verdaguer Jardins en pente douce de Montjuïc consacrés aux plantes à bulbes et aux nénuphars. (p. 130)

Jardí Botànic Plus de 40 000 plantes rassemblées autour d'une thématique méditerranéenne au sens large. (p. 130)

Jardins de Mossèn Costa i Llobera Jardin exotique de plantes désertiques et tropicales. (p. 130)

Jardins del Mirador Une jolie vue et quelques bars en contrebas du fort. (p. 130)

Plages

Platja de Nova Icària Peut-être la plus jolie plage de Barcelone, juste après le Port Olímpic.

Platja de la Barceloneta Plage de sable fréquentée par les Barcelonais. (p. 79)

Platja de Sant Sebastià Plage familiale où la Barceloneta rejoint la mer. (p. 79)

Vaut le détour

Les cinq plages s'étirant au nord-est du Port Olímpic (en commençant par la Platja de Nova Icària, puis la Platja de Bogatell) offrent un sable plus agréable et des eaux plus propres. Toutes ont au moins un *chiringuito*, bar servant boissons et en-cas généralement jusqu'à 1 h (de fin avril à octobre).

Envie de... Sports et activités

Le front de mer tout comme les collines verdoyantes qui dominent la ville raviront les amateurs d'exercice sous des cieux barcelonais (souvent) cléments. Car il faut bien compenser l'orgie de musées et les festins de tapas : courir, nager, pédaler, ou simplement assister à un match du FC Barcelone, les options ne manquent pas.

Jogging et vélo

Avec sa piste cyclable à l'abri des piétons comme de la circulation, le long front de mer de Barcelone fait le bonheur des coureurs et des cyclistes. Les sportifs apprécieront aussi les beaux panoramas depuis Montjuïc. Préférez le début de matinée, avant l'arrivée des foules (et de la chaleur).

À l'eau !

Que vous aimiez nager ou simplement barboter, rendez-vous sur les plages au nord de la Platja de Nova Icària, plus propres que celles à proximité du port. Les amateurs de longueurs en piscine ne seront pas en reste, avec plusieurs centres nautiques sur le front de mer, près de la Barceloneta. Vous pouvez aussi taquiner les vagues, que ce soit sur un surf (surtout d'octobre à avril) ou un stand-up paddle (toute l'année). Des prestataires louent planches et combinaisons sur la plage.

Spas et relaxation

Une journée au spa ? La recette idéale pour recharger ses batteries après des journées de visite intensives et/ou des sorties nocturnes. Salons éclairés de bougies, bains revigorants et hammams opulents vous attendent dans les spas les plus séduisants. La plupart des hôtels de catégorie supérieure ont un spa, mais c'est en ville, un peu partout, que vous trouverez les plus charmants.

RICHARD CUMMINS/GETTY IMAGES ©

Match du FC Barcelone Regarder Messi et son équipe conquérir le terrain en direct. (p. 136)

Piscines Bernat Picornell Faire des longueurs dans la piscine officielle des Jeux olympiques de 1992. (p. 129)

Port Olímpic Le front de mer conduit à l'ancien port olympique, aujourd'hui port de plaisance. (ci-dessus ; p. 79)

Molokai SUP Center Les joies du stand-up paddle près de la Barceloneta. (p. 83)

Aire de Barcelona Un spa au décor mauresque, dans un cadre d'époque à El Born. (p. 74)

Envie de... En prendre plein la vue

Située entre mer et montagne, Barcelone offre de magnifiques points de vue, que ce soit depuis la terre ferme ou dans les airs, à bord d'un téléphérique. À Montjuïc et au parc Güell, les occasions de contempler cette belle ville méditerranéenne sont légion, et on trouve quelques belvédères peu connus. Tibidabo, point culminant (512 m) au nord de la ville, offre le plus beau et plus vaste panorama sur Barcelone et la Méditerranée. Et n'oubliez pas d'observer la ville en mouvement, que ce soit sur la Rambla, autour des terrasses des restaurants de la Barceloneta ou sur les places de la vieille ville.

Vu d'en haut

Teleférico del Puerto Superbe panorama sur toute la ville et la côte. (p. 128)

Clochers de la Sagrada Família Ou comment voir d'un autre œil le monument phare de Barcelone. (p. 108)

Parc Güell Vue époustouflante sur la ville du haut de la Turó del Calvari, dans le sud-ouest du parc. (p. 114)

Mirador de Colom Le monument domine la Rambla, la vieille ville et le front de mer. (photo ci-dessus ; p. 27)

Castell de Montjuïc Jolie vue, par-delà les arbres de Montjuïc, sur la ville en contrebas. (p. 128)

Emblèmes de Barcelone

Banc public, la Rambla Observez le passage incessant des badauds. (p. 24)

Toit de la Pedrera Les cheminées fantastiques de Gaudí surplombent l'imposant Passeig de Gràcia. (p. 90)

Mercat de la Boqueria C'est du Museu de l'Eròtica qu'on a la meilleure vue sur le marché. (p. 46)

LENA_SERDITOVA/GETTY IMAGES ©

Apéros et dîners avec vue

La Caseta del Migdia Un petit bijou en plein air, niché dans la verdure de Montjuïc. (p. 133)

La Vinya del Senyor La nuit est tombée et, un verre de vin à la main, vous vous laissez éblouir par la Basílica de Santa Maria del Mar. (p. 73)

Barraca Pour un festin de fruits de mer devant la grande bleue. (p. 86)

Envie de... Musées

Riche d'un formidable patrimoine artistique et architectural, Barcelone se prévaut d'une collection de musées de tout premier plan. Comme toujours en Espagne, la frontière entre musée et galerie d'art est agréablement floue ; nous nous sommes concentrés ici sur les musées traditionnels qui offrent un voyage à travers l'histoire de la Catalogne et au-delà, en passant par le monde de l'art.

Musées d'histoire

Vous pourriez aisément passer des semaines dans les musées de Barcelone. À la fin de votre séjour, si vous les avez tous visités, vous aurez fait un voyage d'une diversité extraordinaire à travers l'histoire de Barcelone et de la Catalogne. L'histoire des diverses civilisations qui se sont succédé, notamment juive et romaine, est passionnante, et permet d'appréhender la ville dans son contexte. Cité portuaire par excellence, Barcelone vous plonge dans son passé maritime avec des expositions ethnologiques, allant des anciennes colonies espagnoles aux cultures du monde entier. Du football à la céramique, en passant par les abris antiaériens de la guerre civile, il n'est, semble-t-il, aucun endroit où les musées de Barcelone ne puissent vous transporter.

Histoire de l'art

L'art est très présent dans la vie des Barcelonais, et les musées de la ville en rendent compte avec bonheur. L'architecture moderne et Antoni Gaudí sont les thèmes récurrents de ce sujet extraordinairement vaste. Les musées de Barcelone excellent en particulier à mettre en exergue le très riche patrimoine catalan en matière d'art et d'architecture romans.

RICHARD CUMMINS/GETTY IMAGES ©

Voyages à travers l'histoire

Museu d'Història de Barcelona Ruines romaines et architecture gothique à foison. (p. 34)

Museu d'Història de Catalunya Merveilleuse ode à l'histoire catalane. (p. 82)

Museu Marítim Barcelone, ville portuaire méditerranéenne, exposée dans les anciens chantiers navals gothiques. (p. 82)

Camp Nou Experience Le stade et la saga du FC Barcelone. (p. 136)

Museu Etnològic Coutumes et traditions catalanes. (p. 130)

MUHBA Refugi 307 Découvrez Barcelone en temps de guerre dans ce réseau évocateur d'abris antiaériens. (p. 130)

DIEGO LEZAMA/GETTY IMAGES ©

CosmoCaixa

Museu-Monestir de Pedralbes Aperçu de la vie monastique et magnifique cloître gothique. (p. 139)

Museu de l'Eròtica Admirez les polissonneries auxquelles se livrent les hommes depuis les temps les plus reculés. (p. 26)

Histoire de l'art

Museu Nacional d'Art de Catalunya Art roman époustouflant et collection hors pair d'œuvres catalanes. (p. 118)

Museu Frederic Marès Collection remarquable de sculptures espagnoles et art roman à l'honneur. (en haut à gauche ; p. 34)

Museu Gaudí Pénétrez l'esprit de Gaudí en découvrant son atelier où sont maintenant exposées esquisses et maquettes du maître moderniste. (p. 111)

Casa-Museu Gaudí L'ancienne maison de Gaudí, au parc Güell. (p. 115)

Museu Olímpic i de l'Esport La fascinante histoire des Jeux olympiques. (p. 130)

Vaut le détour

Rares sont les enfants (et adultes) capables de résister aux installations interactives et aux expériences de **CosmoCaixa** (Museu de la Ciència ; ☎93 212 60 50 ; www.fundacio.lacaixa.es ; Carrer de Isaac Newton 26 ; adulte/enfant 4 €/gratuit ; 10h-20h mar-dim ; 60, FGC Avinguda Tibidabo), un musée des Sciences intelligent et amusant installé dans un édifice moderniste au pied de la colline du Tibidabo. Au programme : fossiles, physique et forêt amazonienne...

Envie de... Barcelone avec des enfants

Des artistes de rue qui se donnent en spectacle le long de la Rambla aux constructions qui semblent tout droit sorties de l'imagination d'un enfant, le théâtre des rues barcelonaises est une source inépuisable d'enchantement pour les plus jeunes. En outre, les activités pour les enfants ne manquent pas (plages, piscines et parcs, notamment) et la ville semble faite pour les vacances en famille.

Enfants bienvenus

À Barcelone les plus petits font (presque) tout comme les grands. Sortir au restaurant ou boire un verre à une terrasse ne nécessite pas forcément que l'on fasse garder sa progéniture : les Barcelonais sortent très souvent avec leurs enfants, et il n'est pas rare de voir toutes les générations confondues, des bébés aux grands-parents, dehors tard le soir. Pour découvrir les activités que la ville consacre aux enfants, consultez le site www.kidsinbarcelona.com (en anglais) ; les informations sont régulièrement mises à jour.

Renseignements pratiques

La plupart des hôtels de catégories moyenne et supérieure pourront vous trouver des services de baby-sitting. De nombreux hôtels font appel à **5 Serveis** (☎ 93 412 56 76 ; www.5serveis.com ; Carrer de Pelai 50 ; Ⓜ Catalunya), qui propose des baby-sitters *(canguros)* polyglottes. Comptez à partir de 10 € l'heure, plus le prix du taxi qui raccompagnera la baby-sitter. Les hôtels n'appliquent pas de suppléments si votre enfant dort avec vous, mais pour un lit supplémentaire comptez (en général) entre 20 € et 30 €.

SEMISATCH/SHUTTERSTOCK ©

À savoir

- Adaptez vos enfants à l'heure barcelonaise (on se couche tard) sans quoi ils manqueront la moitié du plaisir.
- Demandez à l'office du tourisme où se trouvent les aires de jeux.

Au bonheur des enfants

L'Aquàrium Tunnel aux requins et 11 000 poissons. (p. 82)

Plages Sable et eaux calmes accessibles à pied.

Poble Espanyol Un village en miniature qui captivera à coup sûr les enfants. (p. 128)

Teleférico del Puerto Comme dans

CROMARY/SHUTTERSTOCK ©

Vue de Barcelone

un manège à bord d'un impressionnant téléphérique. (p. 128)

Parc de la Ciutadella Plus grand parc du centre-ville, vaste espace pour jouer. (p. 68)

Anella Olímpica et Estadi Olímpic Nager dans les mêmes bassins que les champions olympiques. (p. 129)

Camp Nou Les footballeurs en herbe n'oublieront jamais cette visite. (p. 136)

Musées amusants

Museu de Cera Musée de cire, forêt enchantée et voyage dans le temps. (p. 27)

Museu Marítim Maquettes de navires, radeaux et légendes des mers. (p. 82)

Castell de Montjuïc Pour faire des rondes sur les remparts. (p. 128)

Museu Olímpic i de l'Esport Idéal pour les petits sportifs. (p. 130)

Pour l'imagination

Parc Güell Animaux aux couleurs éclatantes et maisons de gardiens comme dans *Hansel et Gretel*. (p. 114)

Casa Batlló L'architecture faite jeu. (en haut à gauche ; p. 92)

Sagrada Família Une église aux airs de château digne d'une légende médiévale. (p. 108)

Fundació Joan Miró Formes géométriques et couleurs vives qui parlent aux enfants. (p. 122)

Vaut le détour

Pour un tour de grande roue, direction le **Parc d'Atraccions** (☎ 93 211 79 42 ; www.tibidabo.cat ; Plaça de Tibidabo 3-4 ; adulte/enfant 30/11 €/ gratuit ; fermé jan-fév ; T2A depuis Plaça de Catalunya), un parc d'attractions à l'ancienne sur la colline du Tibidabo. Le trajet pour s'y rendre fait partie de l'aventure, mais consultez les horaires sur le site avant de vous mettre en route.

Envie de... Visites organisées

Loin d'être indispensables pour découvrir Barcelone, certains circuits organisés peuvent néanmoins rendre votre séjour plus intéressant, en abordant un aspect de la vie barcelonaise auquel vous n'auriez pas accès ou que vous ne pourriez pas appréhender seul. Les parcours autoguidés, tels que la Ruta del Modernisme, permettent de faire des visites thématiques.

LITTLEAOM/SHUTTERSTOCK ©

Visites guidées à pied
(93 285 38 34 ; www.barcelonaturisme.com ; Plaça de Catalunya 17 ; M Catalunya). L'office du tourisme organise 17 balades thématiques axées sur le Barri Gòtic, Barcelone et Picasso, le modernisme et la gastronomie.

Bike Tours Barcelona
(93 285 38 34 ; www.biketoursbarcelona.com ; Carrer de l'Esparteria 3 ; 23 €/pers ; 10h-19h ; M Jaume I) propose des balades à vélo de 3 heures autour du Barri Gòtic, du front de mer, de la Sagrada Família et d'autres œuvres de Gaudí. Rendez-vous devant l'office du tourisme. Horaires de départ donnés sur le site.

Las Golondrinas
(93 442 31 06 ; www.lasgolondrinas.com ; Moll de las Drassanes ; sortie 40 min adulte/enfant 7,40/2,80 € ; M Drassanes). La ville vue depuis la mer lors d'une sortie autour du port et le long des plages jusqu'à sa pointe nord-est.

GoCar (93 269 17 92 ; www.gocartours.com ; Passeig de Pujades 7 ; 1 heure/2 heures 30/8 heures 19/39/69 €/pers, 2 pers minimum ; 10h-16h nov-mars, 10h-18h avr-oct ; M Arc de Triomf). Voiturettes deux places à trois roues, avec GPS et commentaires à mesure que l'on parcourt la ville.

My Favourite Things
(637 265405 ; www.myft.net ; circuits à partir de 26 €). Des visites thématiques à pied, du design à la gastronomie, limitées à 10 participants. Mais aussi cours de flamenco et de salsa et sorties à vélo (Barcelone et alentour).

Bus Turístic
(93 298 70 00 ; www.barcelonabusturistic.cat/fr ; billet 1 jour adulte/enfant 28/16 € ; 9h-20h). Ce bus touristique offre un aperçu quasi exhaustif des grands sites de la ville. Des commentaires sur les 44 arrêts des trois circuits proposés sont fournis par audioguide (10 langues). Les deux principaux circuits prennent environ 2 heures chacun.

Ruta del Modernisme
Pour un itinéraire englobant 115 édifices modernistes, procurez-vous ce guide avec carte (12 €) à l'office du tourisme principal, sur la Plaça de Catalunya. (voir l'encadré p. 98)

Envie de...
Barcelone gratuit

Barcelone compte tellement de musées qu'en visiter ne serait-ce qu'une petite partie représente un investissement financier important. Mais une série de billets combinés permet de minimiser les coûts. Quelques sites majeurs de Barcelone sont accessibles librement, tandis que d'autres appliquent des plages horaires de gratuité.

100% gratuit

La plupart des musées d'État ouvrent leurs portes gratuitement le premier dimanche du mois. Les autres dimanches, nombre de musées pratiquent une entrée libre entre 15h et 20h. Les marchés, jardins et plages sont bien entendu gratuits.

Balades à prix doux

Des prestataires proposent des circuits guidés, non pas gratuits, mais pour lesquels vous payez ce que vous voulez, le plus souvent dans le Barri Gòtic ou à travers l'Eixample. Nous recommandons Runner Bean Tours, Feel Free Tours et Travel Bound. Lieux de rendez-vous et horaires sur leurs sites Internet.

Gratuit tous les jours

Anella Olímpica et Estadi Olímpic Pour revivre la fièvre olympique. (p. 129)

Temple Romà d'August Vestiges romains au cœur du vieux Barcelone. (p. 34)

Antic Hospital de la Santa Creu Flânez dans la grande salle de lecture gothique. (p. 51)

Jours de gratuité dans les grands musées

Museu Nacional d'Art de Catalunya Gratuit de 15h à 20h le samedi et toute la journée le premier dimanche du mois. (p. 118)

Museu Picasso Gratuit de 15h à 19h le dimanche et toute la journée le premier dimanche du mois. (p. 58)

Museu d'Història de Barcelona Gratuit de 15h à 20h le dimanche et toute la journée le premier dimanche du mois. (p. 34)

Museu d'Història de Catalunya Gratuit le dernier mardi du mois, d'octobre à juin. (p. 82)

CaixaForum Gratuit le premier dimanche du mois. (photo ci-dessus ; p. 128)

Cathédrale Gratuit tous les jours de 8h à 12h45 et de 17h15 à 20h. (p. 28)

Envie de... Bars

Les noctambules aiment véritablement Barcelone, où ils peuvent voguer allègrement, et jusqu'au petit matin, de bars à vins tamisés en tavernes à l'ancienne, en passant par des lounges branchés. Antres couverts de fresques, troquets débordant de bibelots anciens ou adresses au décor moderniste, les ambiances sont elles aussi éclectiques, voire électriques.

Quartiers de bars

Vous trouverez des bars à tous les coins de rue, et chaque quartier a son troquet favori. Mais c'est dans le Barri Gòtic, El Raval, la Ribera (en particulier El Born) et l'Eixample que se trouve la plus forte concentration de lieux où étancher sa soif.

Bars à vins et à cava

De plus en plus nombreux à Barcelone, les bars à vins mettent en vedette de bons produits venus d'Espagne et d'ailleurs. Les adresses spécialisées proposent un choix étourdissant de vins au verre, accordant souvent une place d'honneur aux petits producteurs qui montent. Assiettes à partager, planches de fromage et de charcuterie ou profusion de tapas : le plaisir tient ici beaucoup, aussi, à ces petits en-cas qui accompagnent les grands crus.

Chiringuitos

Tout l'été, ces petits bars de plage éphémères fleurissent le long de la mer, de la Barceloneta jusqu'à la Platja de la Nova Mar Bella. C'est les pieds dans le sable qu'on grignote ici des en-cas et qu'on sirote une sangria (photo ci-dessus) ou un jus de fruits fraîchement pressés, tout en regardant Barcelone briller de tous ses feux sous le soleil de Méditerranée.

PHOTOSMATIC/SHUTTERSTOCK ©

Bars historiques

Casa Almirall Le plus vieux bar de Barcelone toujours en activité arbore une sublime déco d'époque. (p. 54)

Bar Marsella Dans ce bar sans chichis d'El Raval, rien ne surprend plus personne. (p. 49)

La Confitería Ambiance Belle Époque et délicieux vermouths maison dans El Raval. (p. 53)

Les Gens que J'Aime Un ex-fan des sixties dans l'Eixample, avec bougies et canapés en velours rouge. (p. 105)

Troquets de quartier

Vaso de Oro La Barceloneta comme au bon vieux temps. (p. 79)

Bar de quartier à El Born

Rubí Décoctions maison à découvrir au fond d'une ruelle d'El Born. (p. 73)

Bars à cocktails

Dry Martini Serveurs sur leur trente-et-un et dry martinis parfaits, dans l'Eixample. (p. 105)

Juanra Falces Savants élixirs mixés par des barmen en veste blanche. (p. 74)

Le top du style

Ocaña Emplacement imbattable sur la Plaça Reial et intérieur au design léché. (p. 39)

Sor Rita Clientèle festive dans un univers à l'extravagance digne d'Almodóvar. (p. 40)

Bars à vins

Monvínic La carte des vins (plus de 3 000) fait tourner la tête. (p. 95)

La Vinya del Senyor Plus de 350 vins dans un joli cadre. (p. 73)

Bars à cava

El Xampanyet Superbe association tapas-*cava* dans ce bar des années 1930 d'El Born. (p. 65)

Can Paixano Authentique et tapageur, dans la Barceloneta. (p. 78)

Bars musicaux

Bar Pastís Minuscule bar et musique allant du cabaret français au tango. (p. 54)

Repaires bohèmes

Gran Bodega Saltó Déco psychédélique, musique live et faune éclectique. (p. 125)

Absenta Un temple de l'absinthe orné de sculptures fantasques. (p. 86)

Gipsy Lou Une adresse festive à toute heure, sur la Plaça de George Orwell. (p. 55)

Tinta Roja Bar pittoresque d'El Raval accueillant concerts et autres événements de temps à autre. (p. 125)

El Rouge Bar façon lupanar réputé pour ses performances surréalistes. (p. 125)

Envie de… Cafés

Barcelone se distingue par ses cafés historiques, où serveurs en nœud papillon et intérieurs d'époque sont de rigueur. Même si beaucoup sont envahis de touristes, il est toujours possible d'y voir d'éternels joueurs d'échecs, ou un vieil homme observant simplement le monde tourner, un verre de cognac à la main.

Les beaux cafés anciens

Les modernistes et autres architectes de la même veine ne se contentaient pas de composer des façades fantaisistes. Généralement, ils s'investissaient tout autant dans la décoration des salons qui constituent aujourd'hui le cadre de nombreux cafés de Barcelone. Ainsi, dans cette ville tournée vers l'avenir, l'atmosphère de ces cafés (la clientèle tout autant que le cadre) nous rappelle que Barcelone est aussi une ville de traditions. Ici, on aime faire les choses à l'ancienne : le matin, on vient prendre un café ou une boisson plus forte, et on refait le monde avec ses amis de longues heures durant. Car là est la raison d'être des cafés, depuis toujours : des lieux de rendez-vous, le cœur de la vie sociale.

Les nouveaux cafés branchés

Les nouveaux cafés branchés ont aussi trouvé leur place dans le cœur des Barcelonais. Dans ce genre d'endroits, on s'assoit sous une œuvre d'art contemporaine tout en se connectant à son profil Facebook, bercé par une musique relaxante. Les serveurs sont jeunes et accueillants et l'on y consomme tout aussi bien des cocktails que du café.

À savoir

- Pour une douceur, pénétrez dans une *granja*, spécialiste du chocolat chaud. Dans le Barri Gòtic, la Carrer de Petritxol, jalonnée de cafés, est réputée pour son choix de chocolats.
- Pour un café au lait très lacté, demandez un *café con leche*, un *café solo* pour avoir un expresso et un *cortado* pour un noisette.

MLORENTE80/GETTY IMAGES ©

Crêpes au chocolat

Cafés historiques

Cafè de l'Òpera Grande institution Art déco de la Rambla, très fréquentée depuis 1929. (p. 25)

Mauri Ce café, du cru 1929 lui aussi, possède une grande fresque et une clientèle élégante. Dans l'Eixample. (p. 95)

Salterio Bougies et pierres apparentes composent un cadre enjôleur pour ce café de l'ancien quartier juif. (p. 40)

Caelum Tentations en tout genre à savourer dans la salle médiévale, au sous-sol. (p. 40)

Cafés de quartier

La Nena Chocolat chaud, crêpes et autres douceurs rassemblent à Gràcia hipsters et jeunes familles. (p. 113)

Cosmo La quintessence du café arty : cool, décontracté, pour déguster cafés et thés inventifs. (p.95)

Bar Kasparo Un bel endroit où s'attarder, dans un cadre paisible donnant sur une place verdoyante. (p. 48)

Federal On peut aussi manger dans ce café tenu par des Australiens. Belle terrasse sur le toit. (p. 125)

Les meilleurs chocolats chauds

Granja M Viader La boisson chocolatée la plus populaire d'Espagne fut inventée dans cette institution du XIXe siècle. (p. 49)

Granja La Pallaresa Parmi les meilleurs cafés et chocolats chauds de Barcelone, dans le Barri Gòtic. (p. 31)

Foix de Sarrià À Sarrià, cette pâtisserie du XIXe siècle sert boissons chaudes et délices chocolatés. (p. 140)

Cacao Sampaka Les fous de chocolat défaillent dans cette institution de l'Eixample. (p. 95).

Envie de... Clubs

Barcelone mérite amplement sa réputation de ville festive, bien que la plupart des meilleures discothèques se trouvent dans la Zona Alta, périphérie cossue au nord du centre. Mais il y a toujours d'autres possibilités plus proches du centre-ville. Un nombre étonnant d'adresses se cache dans le dédale de la vieille ville, de l'ancienne salle de bal somptueuse au club moite en sous-sol. Changement d'ambiance radical sur le front de mer : au Port Olímpic, des plaisanciers en escale se mêlent aux touristes et à des Barcelonais plus rares, enchaînant les bars dansants qui s'alignent face à la mer.

Discothèques

La Terrrazza
L'été seulement, en plein air à Montjuïc, grands DJ et clientèle barcelonaise apprêtée. (p. 133)

Moog Techno, électro, pop rétro et DJ de renom dans cet établissement bondé d'El Raval. (p. 55)

Marula Café
L'adresse des jeunes noctambules dans le Barri Gòtic. (p. 41)

Antilla BCN Meilleur club de salsa à Barcelone et rythmes cubains langoureux. (p. 105)

Ocaña Le lounge au sous-sol accueille de bons DJ le week-end. (p. 39)

Musique live

Jamboree Hip-hop et funk mixés par des DJ, sur la Plaça Reial. (p. 42)

Sala Apolo House, techno et clientèle éclectique. (p. 125)

CHRISTIAN BERTRAND/SHUTTERSTOCK ©

À savoir

- Les clubs ouvrent généralement de minuit à 6h du jeudi au samedi mais rien ne se passe vraiment avant 2h.
- L'entrée, parfois gratuite, peut aussi grimper jusqu'à 20 € (avec une consommation).
- Pour entrer, soignez votre look, et si vous êtes très nombreux, formez de petits groupes.
- Agenda sur Barcelona Rocks (www.barcelonarocks.com), Clubbing Spain (www.clubbingspain.com) et la Guía del Ocio (www.guiadelocio.com).

Envie de… Barcelone gay et lesbien

Barcelone, ville parmi les plus gay-friendly du sud de l'Europe, dispose d'une scène gay et lesbienne très active. Tout ou presque se concentre dans le "Gaixample", les cinq ou six pâtés de maisons de l'Eixample compris entre la Gran Via de les Corts Catalanes, la Carrer de Balmes, la Carrer del Consell de Cent et la Carrer de Casanova.

Bars

La Chapelle (93 453 30 76 ; Carrer de Muntaner 67 ; 16h-2h dim-jeu, 16h-2h30 ven-sam ; M Universitat). Un point de rendez-vous tranquille, ouvert à tous, dans une déco christiano-provoc'.

Aire (Sala Diana ; 93 487 83 42 ; www.grupoarena.com ; Carrer de la Diputació 233 ; 23h-3h jeu-sam ; M Passeig de Gràcia). Une adresse prisée entre filles, avec un vaste dance floor.

Átame (93 421 41 33 ; Carrer del Consell de Cent 257 ; 21h-2h30 ; M Universitat). Prenez un verre et attendez que l'ambiance s'échauffe.

Museum (Carrer de Sepúlveda 178 ; 23h-3h mar-sam ; M Universitat). Un "bar vidéo" kitsch et amusant.

Punto BCN (93 451 91 52 ; www.grupoarena.com ; Carrer de Muntaner 63-65 ; 18h-2h30 dim-jeu, 18h-3h ven-sam ; M Universitat). Deux étages pour diverses tribus d'âges variés.

Bacon Bear (Carrer de Casanova 64 ; 18h-2h30 lun-jeu, 18h-3h ven-sam ; M Urgell). Des gaillards carrés et leurs courtisans.

Clubs

Arena Madre (93 487 83 42 ; www.grupoarena.com ; Carrer de Balmes 32 ; 0h30-5h ; M Passeig de Gràcia). L'un des meilleurs clubs gays de Barcelone.

Metro (93 323 52 27 ; www.metrodiscobcn.com ; Carrer de Sepúlveda 185 ; avant/après 2h 6/20 € ; 0h15-5h30 ; M Universitat). DJ réputés et spectacle assuré.

Pervert Club (Avinguda Francesc Ferrer i Guàrdia 13 ; 0h-6h sam ; M Espanya). Folle soirée du samedi au The One, dans le Poble Espanyol.

INGRID PRATS/SHUTTERSTOCK ©

À savoir

- La partie sud de la Platja de Sant Miquel, au nord de la Barceloneta, est une plage gay nudiste.
- La plupart des clubs n'ouvrent que du jeudi au samedi.
- Toutes les soirées sur 60by80 (www.60by80.com) et Gay Barcelona (www.gaybarcelona.com).

Envie de... Concerts et spectacle vivant

Barcelone est une étape importante pour bon nombre de musiciens en tournée européenne. On trouve aussi des talents locaux, entre flamenco, rumba, rap, ragga et musique électro. Mais la programmation jazz hebdomadaire, agrémentée d'un peu de rock, de flamenco et de blues, suffit à réjouir les Barcelonais.

BARBARA VAN ZANTEN/GETTY IMAGES ©

Jazz et autres musiques live

Harlem Jazz Club L'un des hauts lieux du jazz à Barcelone, bien situé, en plein Barri Gòtic. (p. 42)

Jamboree Cette bonne salle de jazz attire de belles affiches sur la Plaça Reial. (p. 42)

Jazz Sí Club Programmation d'artistes éclectiques, jouant notamment du flamenco, du jazz cubain et du blues. (p. 49)

Sala Apolo Mix de rock alternatif, *world music* et DJ. (p. 125)

La Pedrera En été, concerts sur le toit de ce chef-d'œuvre de Gaudí. (p. 90)

Plaça Nova Démonstrations de sardane (danse traditionnelle catalane) devant la cathédrale à 18h le samedi et 11h le dimanche sur cette place. (p. 31)

Montjuïc Tous les dimanches de juin à septembre, musiques électroniques toute la journée en plein air à Montjuïc (piknicelectronik.es).

Sorties culturelles

Palau de la Música Catalana Auditorium à l'architecture moderniste et programmation éclectique, de la musique classique à la guitare espagnole. (p. 68)

Gran Teatre del Liceu Opéra remarquable, décor opulent et bonne acoustique. (p. 41)

Carnet pratique

Carnet pratique

Avant de partir

Climat

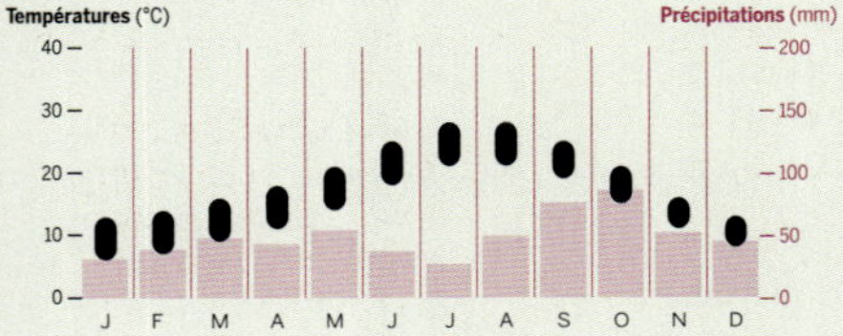

Été (juin-août). Températures estivales mais énormément de touristes en juillet et août. Les Barcelonais fuient la ville en août.

Automne (sept-nov). Septembre est l'un des meilleurs mois pour visiter la ville. Pluie possible en octobre et en novembre.

Hiver (déc-fév). Les nuits peuvent être fraîches et le temps pluvieux, mais les visiteurs sont peu nombreux et les journées parfois ensoleillées.

Printemps (mars-mai). Période agréable. Encore peu de touristes, mais risque de pluie en avril et mai.

Hébergement

☑ **À savoir** Si vous arrivez à Barcelone sans réservation d'hôtel, l'office du tourisme de la Plaça de Catalunya pourra vous aider.

- À Barcelone, les hébergements sont très recherchés toute l'année : réservez le plus tôt possible.
- Les adresses affichent globalement un très bon rapport qualité/prix, mais les tarifs peuvent doubler le week-end et lors des grandes fêtes et congrès.
- Loger dans le Barri Gòtic, El Raval ou la Ribera permet d'être au cœur de la ville, mais du jeudi au dimanche, les nuits peuvent y être très bruyantes.
- L'Eixample est plus calme (hormis ses grands boulevards), tandis que la Barceloneta est idéale si vous êtes là pour la plage.

Sites Internet

Lonely Planet (www.lonelyplanet.fr). Infos sur

les quartiers et service de réservation d'hôtels.

Oh Barcelona (www.oh-barcelona.com). Choix d'hôtels et d'appartements.

Barcelona Bed and Breakfasts (www.barcelonabedand-breakfasts.com). Liste d'adresses plus confidentielles.

Petits budgets

Casa Gràcia (www.casagraciabcn.com). Élégante auberge de jeunesse aux chambres colorées, avec repas en commun, projection de films et autres événements.

Amistat Beach Hostel (www.amistatbeachhostel.com). Petite auberge de jeunesse chaleureuse, près de la plage et des restaurants de Poblenou.

Tailor's Hostel (www.tailors-hostel.com). Adresse branchée de Sant Antoni au cadre rétro.

Chic & Basic Ramblas (www.chicandbasic.com). Hôtel très design, en particulier dans le hall vintage.

Pars Teatro Hostel (www.teatrohostel.com). Un lieu au décor théâtral, à la lisière du Poble Sec.

Pensió 2000 (www.pensio2000.com). Établissement familial offrant des chambres doubles de superficie correcte, avec sdb et mosaïques au sol.

Catégorie moyenne

Hotel Brummell (www.hotelbrummell.com). Chic et cachet au Poble Sec.

Five Rooms (www.thefiverooms.com). Petite option charmante de l'Eixample.

Cami Bed & Gallery (www. camigalleryhotel.reserve-online.net). Sept chambres uniques dans un bâtiment moderniste plein d'œuvres d'art.

Hotel Market (www.andilanahotels.com). Chambres joliment conçues dans le quartier très en vogue de Sant Antoni.

H10 Port Vell (www.h10hotels.com). Luxueux point de chute à deux pas de la Barceloneta et d'El Born.

Hotel Constanza (www.hotelconstanza.com). Boutique-hôtel de l'Eixample aux détails étudiés et à la terrasse séduisante.

Catégorie supérieure

Cotton House (www.hotelcottonhouse.com). Établissement raffiné de l'Eixample dont on ne veut plus partir.

Serras Hotel (www.hoteltheserrasbarcelona.com). Luxe et emplacement privilégié dans le Barri Gòtic.

Hotel Neri (www.hotelneri.com). Bel hôtel historique dans un coin calme du Barri Gòtic.

Hotel Casa Fuster (www.hotelcasafuster.com). Demeure photogénique de Gràcia à l'intérieur splendide.

DO (www.hoteldoreial.com). Magnifique hôtel de charme donnant sur la Plaça Reial, dans le Barri Gòtic.

Grand Hotel Central (www.grandhotelcentral.com). Jolies chambres spacieuses et piscine à débordement sur le toit.

Arriver à Barcelone

☑ **Conseil** Pour trouver comment rejoindre votre hébergement, rendez-vous p. 17.

Aéroport del Prat

L'**aéroport d'El Prat** (☎902 404704 ; www.aena.es), à El Prat de Llobregat, 17 km au sud-ouest de la Plaça de Catalunya, possède deux grands terminaux : le nouveau terminal T1, et le T2, plus ancien et lui-même divisé en 3 grandes zones (A, B et C). Le principal **office du tourisme** (⌚8h30-20h30) se situe au rez-de-chaussée du terminal 2B. Les autres, au rez-de-chaussée du terminal 2A et dans le terminal 1, pratiquent les mêmes horaires.

➡ L'**Aerobús A1** (☎902 100104 ; www.aerobusbcn.com ; aller/aller-retour 5,90/10,20 € ; ⌚6h-1h) relie le terminal 1 à la Plaça de Catalunya (30 à 40 min selon trafic) via la Plaça d'Espanya, Gran Via de les Corts Catalanes et la Plaça de la Universitat toutes les 5 à 10 minutes de 6h10 à 1h05. L'**Aerobús A2** part du T2 et suit le même trajet avec les mêmes horaires de fonctionnement.

➡ Le **train R2 Nord** (aller 4,50 € ; ⌚5h42-23h38) circule toutes les demi-heures entre l'aéroport et la gare ferroviaire principale (Estació de Sants, 20 min) et le Passeig de Gràcia (25 à 30 min) au centre de Barcelone, via d'autres gares. La gare de l'aéroport est à environ 5 minutes à pied du terminal 2.

➡ Pour un taxi en direction du centre (environ une demi-heure suivant la circulation) comptez de 25 € à 30 €.

Aéroport de Girona-Costa Brava

L'**aéroport Girona-Costa Brava** (www.girona-airport.net) est à 12 km au sud de Gérone (Girona) et 92 km au nord-est de Barcelone : sur place, office du tourisme, DAB et réclamation bagages au rez-de-chaussée.

➡ Le **Barcelona Bus** (www.barcelonabus.com) de la compagnie **Sagalés** (☎902 130014 ; www.sagales.com) relie l'aéroport de Gérone à la gare routière de l'Estació del Nord de Barcelone (aller/aller-retour 16/25 €, 75 min).

Aéroport de Reus

L'**aéroport de Reus** (☎902 404704 ; www.aena.es) se trouve à 13 km à l'ouest de Tarragone et à 108 km au sud-ouest de Barcelone. L'office du tourisme et les services incidents bagages sont situés dans le terminal principal.

➡ Les bus **Hispano-Igualadina** (☎93 339 73 29 ; www.igualadina.net ; Carrer de Viriat ; Ⓜ Estació Sants) relient l'aéroport de Reus à l'Estació d'Autobusos de Sants en correspondance avec les horaires des vols (aller simple 16 €, 1 heure 30).

Depuis la France

➡ **Iberia** (☎0825 800 965 ; www.iberia.com) et **Air France** (☎36 54 ; www.airfrance.fr) assurent des vols réguliers quotidiens depuis Paris. Comptez de 100 à 300 € l'aller-retour.

➡ Les compagnies low-cost **Vueling** (www.vueling.com), **EasyJet** (www.easyjet.com) et **Ryanair** (www.ryanair.com) assurent aussi des vols directs depuis Paris et d'autres villes françaises (Bordeaux, Marseille, Lyon). Leur fréquence est liée à la saison.

➡ La plupart des vols arrivent à l'**aéroport del Prat** (☎902 404704 ; www.aena.es), au sud-ouest du centre-ville. Certaines compagnies à bas coûts utilisent l'aéroport de Girona-Costa Brava, à 1 heure au nord de Barcelone.

➡ Un nouveau **TGV** relie Paris à Barcelone en 6 heures 25 (à partir de 55 € l'aller).

Depuis la Belgique

➡ **Iberia** (☎0707 00 050 ; www.iberia.com) et **Brussels Airlines** (☎0902 51 600 ;

www.brusselsairlines.com) relient plusieurs fois par jour Bruxelles à Barcelone. Les compagnies low-cost **Vueling** (www.vueling.com) et **Ryanair** desservent aussi Barcelone par vol direct. Un aller-retour coûte de 80 € à 300 €.

Depuis la Suisse

➡ **Swiss International Air Lines** (☎0848 700 700 ; www.swiss.com) dessert la capitale catalane tous les jours depuis Genève et Zurich. Les compagnies **EasyJet** (www.easyjet.com) et **Vueling** (☎082 123 15 50 ; www.vueling.com) proposent des vols directs au départ de Genève, de Bâle-Mulhouse et Zurich. À partir de 104 CHF.

Depuis le Canada

➡ **AirTransat** (www.airtransat.com) commercialise des vols directs depuis Montréal.

Comment circuler

Bus

☑ **Idéal pour...** circuler en soirée.

➡ Les bus **Transports Metropolitans de Barcelona** (TMB ; ☎93 298 70 00 ; www.tmb.net) circulent dès 5h-6h et au plus tard jusqu'à 23h, selon les lignes. De nombreuses lignes passent par la Plaça de Catalunya et/ou la Plaça de la Universitat.

➡ Après 23h, un service de *nitbus* (bus de nuit) jaunes fonctionne jusqu'à 3h ou 5h. Tous passent par la Plaça de Catalunya, en général toutes les 30 à 45 minutes. Le billet simple, à 2,15 €, est vendu à bord.

FGC

☑ **Idéal pour...** circuler entre la Plaça de Catalunya et ds sites excentrés tels le Tibidabo, Sarrià et Pedralbes.

➡ Les trains de banlieue **FGC** (www.fgc.net) desservent de nombreux lieux où le métro ne passe pas. Horaires et tarifs identiques à ceux du métro (ticket 2,15 €).

Funiculaires et téléphériques

☑ **Idéal pour...** se rendre à Montjuïc et s'y déplacer.

➡ Des funiculaires et téléphériques relient la Barceloneta et Poble Sec à Montjuïc.

➡ Le **Teleférico del Puerto** (plan p. 80 ; www.telefericodebarcelona.com ; Passeig Escullera ; aller/aller-retour 11/16,5 € ; ⏲11h-19h mars-oct, 11h-17h30 nov-fév ; 🚌17, 39, 64, Ⓜ Barceloneta) conduit de la Torre de Sant Sebastià (Barceloneta) à Miramar (Montjuïc).

➡ Le funiculaire circule entre la station de métro Paral·lel et l'Estació Parc Montjuïc, et applique les tarifs du métro.

➡ Le **Telefèric de Montjuïc** (www.telefericdemontjuic.cat ; Av de Miramar 30 ; adulte/enfant aller simple 8/6,20 € ; ⏲10h-21h juin-sept, 10h-19h mars-mai et oct, 10h-18h nov-fév ; 🚌55, 150) relie l'Estació Parc Montjuïc au Castell de Montjuïc, au sommet de la colline.

Métro

☑ **Idéal pour...** se rendre presque partout grâce aux nombreuses lignes et stations à travers la ville, sauf à Montjuïc et Sarrià.

➡ Les **Transports Metropolitans de Barcelona** (TMB ; ☎93 298 70 00 ; www.tmb.net) gèrent les huit lignes de métro.

➡ Le ticket à l'unité, valable pour un trajet avec nombre illimité de correspondances coûte 2,15 € . En vente dans les stations de métro.

- La Targeta T-10 (10,30 €) comprend 10 trajets (validité 1 heure 30) en métro, bus et trains FGC.
- Les rames circulent de 5h à minuit du dimanche au jeudi, de 5h à 2h le vendredi, et toute la nuit le samedi.

Taxi

☑ **Idéal pour...** les petits trajets en ville en dehors des heures de pointe ou le soir.

- Le taxi à Barcelone est plutôt bon marché et les tarifs sont affichés à bord.
- Vous pouvez appeler un taxi ou en héler un dans la rue. **Fonotaxi** (☎ 93 300 11 00) et **Radio Taxi 033** (☎ 93 303 30 03, radiotaxi033.com) font partie des compagnies fiables.

Vélo

☑ **Idéal pour...** flâner en bord de mer.

- La ville compte plus de 180 km de pistes cyclables.
- Une piste longe la mer de la Barceloneta au Port Olímpic vers le nord-est et jusqu'au fleuve Besós.
- Nombre de loueurs de vélos se trouvent dans le Barri Gòtic et la Ribera. Les vélos "Bicing" rouges, en libre-service, sont réservés aux résidents barcelonais.
- Vous pouvez transporter votre vélo dans le métro (sauf en semaine entre 7h et 9h30 et de 17h à 20h30). Ces restrictions ne s'appliquent ni les week-ends, ni les jours fériés, ni en juillet-août.

Infos pratiques

Argent

La monnaie en vigueur en Espagne est l'euro (€).

DAB Très répandus. Des frais s'appliquent généralement sur les retraits à l'étranger.

Change de devises Vous trouverez les meilleurs taux dans les banques et établissements de crédit ; présentez votre passeport.

Cartes bancaires Acceptées dans la plupart des établissements. On peut vous demander une pièce d'identité.

Cartes de réduction

☑ **Bon plan** Le pass **Articket BCN** (p. 52) permet d'accéder à 6 musées pour 30 €.

Les cartes suivantes (sauf la carte étudiant) sont disponibles dans les offices du tourisme :

ArqueoTicket (13 €/pers). Accès à 4 musées (Museu d'Història de Barcelona, Museu d'Arqueologia de Catalunya, Museu Egipci et El Born Centre de Cultura i Memòria).

Barcelona Card (www.barcelonacard.com ; 2/3/5 j 20/45/60 €). Transport gratuit (et -20% sur l'Aerobús), entrée gratuite ou à tarif réduit (jusqu'à -30%) dans de nombreux sites. Moins chère si vous la réservez en ligne, elle existe aussi pour enfants.

Astuces pour dépenser moins

- Renseignez-vous sur les sites gratuits (voir p. 169).
- Commandez le *menú del día* le midi au restaurant.
- Achetez des cartes de réduction.
- Achetez la carte de 10 trajets pour vous déplacer dans la ville.

Ruta del Modernisme (www.rutadelmodernisme.com ; 12 €) Réductions pour les principaux sites modernistes de Barcelone.

Carte étudiant Jusqu'à 50% de réduction dans de nombreux sites.

Électricité

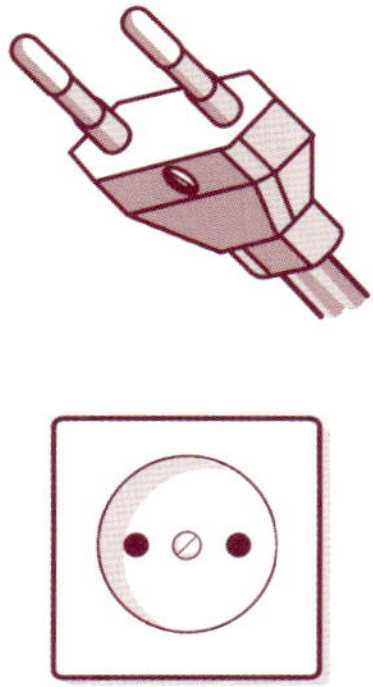

220 V/230 V/50 Hz

Handicap

➡ Certains hôtels, et de nombreuses institutions publiques, sont aménagés pour l'accès en chaise roulante.

➡ Tous les bus sont accessibles en fauteuil roulant, tout comme de plus en plus de stations de métro.

➡ Les lignes n°2, 9, 10 et 11 du métro sont totalement accessibles, de même que presque toute la ligne 1.

➡ Dans le métro, les billetteries automatiques sont adaptées et proposent des options en braille pour les malvoyants.

➡ **Accessible Barcelona** (www.accessiblebarcelona.com) dispense des informations utiles sur l'accès aux sites phares, mais le site n'est pas mis à jour régulièrement.

Plusieurs compagnies de taxis, dont **Taxi Amic** (93 420 80 88 ; www.taxi-amic-adaptat.com) et **Gestverd** (93 303 09 09 ; www.gestverd.com), possèdent des véhicules adaptés.

Heures d'ouverture

☑ **À savoir** Les petits commerces ferment souvent à l'heure de la sieste, généralement de 14h à 16h30-17h.

Banques 8h30-14h lun-ven ; parfois 16h-19h jeu et 9h-13 sam

Bureaux de poste principaux 8h30-21h30 lun-ven, 8h30-14h sam

Restaurants Déjeuner 13h-16h, dîner 20h-0h

Magasins 10h-14h et 16h30-19h30 ou 17h-20h

Jours fériés

De nombreux magasins sont fermés et la plupart des sites pratiquent des horaires restreints aux dates suivantes :

Nouvel An 1er janvier

Épiphanie 6 janvier

Vendredi saint Fin mars/début avril

Lundi de Pâques Fin mars/début avril

Fête du travail 1er mai

Dilluns de Pasqua Grande (lundi de Pentecôte) Mai/juin

Saint-Jean 24 juin

Assomption 15 août

Fête nationale catalane 11 septembre

Festes de la Mercè 24 septembre

Fête nationale espagnole 12 octobre

Toussaint 1er novembre

Jour de la Constitution 6 décembre

Immaculée Conception 8 décembre

Noël 25 décembre

Saint-Étienne (Sant Esteve) 26 décembre

Offices du tourisme

Turisme de Barcelona (www.barcelonaturisme.com) dispose de plusieurs bureaux en ville :

Plaça de Catalunya (plan p. 50 ; 93 285 38 34 ; Plaça de Catalunya 17 ; 9h30-21h30 ; M Catalunya). Bureau principal.

Pas d'impair !

Au restaurant Les Espagnols ne remercient pas leur serveur chaque fois qu'il apporte quelque chose à leur table ; dans les bars et restaurants décontractés, il vous sera demandé de garder vos couverts entre deux plats.

Escalators Tenez votre droite pour laisser un passage, en particulier dans le métro.

Salutations Comme tous les Espagnols, les Catalans se font la bise, qu'ils se connaissent ou se rencontrent pour la première fois – c'est toutefois plus rare entre hommes.

Visiter une église Il est mal vu de visiter une église pendant les offices religieux. Quant à prendre des photos à ces moments-là, n'y songez pas.

Barri Gòtic (plan p. 32 ; ☎93 285 38 32 ; Carrer de la Ciutat 2 ; ⏲8h30-20h30 lun-ven, 9h-19h sam, 9h-14h dim et fêtes ; M Jaume I)

Estació Sants
(Estació Sants ; ⏲8h-20h ; Estació Sants)

Aeroport del Prat
(⏲8h30-20h30)

Sécurité

➡ Petite délinquance et vols, dont les touristes sont les premières victimes, sont un réel problème à Barcelone, bien que la plupart des visiteurs ne rencontrent aucun souci. Soyez vigilant dans les trains depuis/vers les aéroports, dans le métro (notamment aux stations les plus touristiques) et sur la Rambla.

Téléphone

Téléphones portables

➡ Les cartes SIM locales sont compatibles avec les téléphones européens.

➡ Les voyageurs nord-américains devront faire débloquer leur portable, ou acheter un téléphone et une carte SIM sur place.

Indicatifs

Espagne ☎34

International ☎00

➡ Pour appeler Barcelone depuis l'étranger, composez le code d'accès international puis l'indicatif de l'Espagne.

Toilettes publiques

➡ Elles sont rares à Barcelone : misez plutôt sur celles des bars, en vous assurant, avant de commander, que celui sur lequel vous jetez votre dévolu en possède bien.

Urgences

Ambulance ☎061

Numéro d'urgence européen ☎112

Pompiers ☎080 ou ☎085

Police (Mossos d'Esquadra) ☎088

Visas

UE et pays membres de l'espace Schengen Aucun visa requis.

Canada Aucun visa n'est requis pour moins de 90 jours.

Langue

Le catalan (*català*) et l'espagnol (appelé plus précisément *castellano*, ou castillan) sont les deux langues officielles en Catalogne. À Barcelone, vous entendrez autant l'un que l'autre et la plupart des habitants parleront volontiers en espagnol avec vous, surtout s'ils savent que vous êtes étranger. Dans ce chapitre, vous trouverez des bases pour vous exprimer en espagnol puis en catalan.

Si vous suivez nos conseils de prononciation, vous n'aurez pas de mal à vous faire comprendre. Kh indique un "j" guttural (proche du ch dans "achtung" en allemand). Le masculin et le féminin sont indiqués par (m/f).

Conversation de base

Bonjour.
Hola. o·là

Au revoir.
Adiós. a·*dyos*

Comment allez-vous ?
¿Qué tal? ké tal

Bien, merci.
Bien, gracias. bièn *gra*·sias

S'il vous/te plaît.
Por favor. por fa·*vor*

Merci.
Gracias. *gra*·sias

Excusez-moi.
Perdón. pèr·*donn*

Pardon.
Lo siento. lo ssi·*ènn*·to

Oui./Non.
Sí./No. *si/no*

Parlez-vous (français) ?
¿Habla (francés)? *a*·bla (frann·*céss*)

Je (ne) comprends (pas).
Yo (no) entiendo. yo (no) ènn·*tiènn*·do

Au restaurant

Je suis végétarien/ne. (m/f)
Soy vegetariano/a. soï vé·khé·ta·*ria*·no/a

Santé !
¡Salud! sa·*lou*

C'était délicieux !
¡Estaba buenísimo! ess·*ta*·ba boué·*ni*·ssi·mo

Apportez-nous l'addition, s'il vous plaît ?
Por favor nos trae la cuenta. por fa·*vor* noss *tra*·é la *kouènn*·ta

Je voudrais...
Quisiera ... ki·*ssié*·ra ...

un café	*un café*	oun ka·*fé*
une table pour deux	*una mesa para dos*	*ou*·na *mé*·ssa *pa*·ra doss
du vin	*vino*	*vi*·no
deux bières	*dos cervezas*	doss cèr·*vé*·zass

Shopping

J'aimerais acheter...
Quisiera comprar ... ki·*ssié*·ra komm·*prar* ...

Puis-je le voir ?
¿Puedo verlo? *poué*·do *vèr*·lo

Combien cela coûte-t-il ?
¿Cuánto cuesta? *kouann*·to *kouèss*·ta

C'est trop/très cher.
Es muy caro. èss mouï *ka*·ro

Pouvez-vous baisser le prix ?
¿Podría bajar un poco el precio? po·*dri*·a ba·*khar* oun *po*·ko el *pré*·cio

Urgences

Au secours !
¡Socorro! so·*ko*·ro

Appelez un médecin !
¡Llame a un médico! — ya·mé a oun mé·di·ko

Appelez la police !
¡Llame a la policía! — ya·mé a la po·li·ci·a

Je suis perdu(e). (m/f)
Estoy perdido/a. — èss·toï per·di·do/a

Je suis malade. (m/f)
Estoy enfermo/a. — èss·toï ènn·fèr·mo/a

Où sont les toilettes ?
¿Dónde están los baños? — donn·dé èss·tann loss ba·nioss

Heure et nombres

Quelle heure est-il ?
¿Qué hora es? — ké o·ra èss

Il est (10) heures.
Son (las diez). — sonn (las diès)

matin	*mañana*	ma·nia·na
après-midi	*tarde*	tar·dé
soir	*noche*	no·tché
hier	*ayer*	a·yèr
aujourd'hui	*hoy*	oï
demain	*mañana*	ma·nia·na

1	*uno*	ou·no
2	*dos*	doss
3	*tres*	trèss
4	*cuatro*	koua·tro
5	*cinco*	cinn·ko
6	*seis*	séïss
7	*siete*	ssié·té
8	*ocho*	o·tcho
9	*nueve*	noué·vé
10	*diez*	diès

Transports et orientation

Où se trouve... ?
¿Dónde está ...? — donn·dé èss·ta ...

Quelle est l'adresse ?
¿Cuál es la dirección? — koual èss la di·rèk·thionn

Pouvez-vous me l'indiquer (sur la carte) ?
¿Me lo puede indicar (en el mapa)? — mé lo poue·dé inn·di·kar (ènn el ma·pa)

Je voudrais aller à...
Quisiera ir a ... — ki·ssié·ra ir a ...

À quelle heure arrive/part-il ?
¿A qué hora llega/sale? — a ké o·ra yé·ga/ssa·lé

Je voudrais descendre ici.
Quiero bajarme aquí. — kié·ro ba·khar·mé a·ki

Catalan – vocabulaire de base

Bonjour.
Bon dia. — bonn di·a

Bonjour (l'après-midi).
Bona tarda. — bo·na tar·da

Bonsoir.
Bon vespre. — bonn bess·pra

Au revoir.
Adéu. — a·thé·ou

S'il vous plaît.
Sisplau. — ssiss·pla·ou

Merci.
Gràcies. — gra·ssi·a

De rien.
De res. — dé rèss

Excusez-moi.
Perdoni. — par·tho·ni

Pardon.
Ho sento. — ou sènn·to

Comment allez-vous ?
Com estàs? — komm ass·tass

Très bien.
(Molt) Bé. — (mol) bé

En coulisses

Vos réactions ?

Vos commentaires nous sont très précieux pour améliorer nos guides. Notre équipe lit vos lettres avec la plus grande attention et prend en compte vos remarques pour les prochaines mises à jour. Pour nous faire part de vos réactions, prendre connaissance de notre catalogue et vous abonner à notre newsletter, consultez notre site Internet : **www.lonelyplanet.fr**

Nous reprenons parfois des extraits de notre courrier pour les publier dans nos guides ou sites Web. Si vous ne souhaitez pas que vos commentaires soient repris ou que votre nom apparaisse, merci de nous le préciser. Notre politique en matière de confidentialité est disponible sur notre site Internet.

Un mot de Regis

wUn mot de Sally

Je tiens à saluer mon équipe logistique à Barcelone, surtout Mary-Ann Gallagher et Matthew Wrigley, mais aussi Sarah Davison, Aurélie Herrou, Jane Darroch et John O'Donovan. Je remercie Regis St Louis d'avoir répondu à mes questions au pied levé et partagé ses infos, de même que les gastronomes Buster Turner, Paul Richardson et Llibert Figueras avec qui j'ai fait d'excellents repas. Un merci spécial à Tess pour sa compréhension.

Crédits photographiques

Photographie de couverture : Casa Batlló,

Jordan Banks/4Corners©.

Photographie page sommaire : Terrasse

sur le toit, La Pedrera, Christopher

Groenhout/Lone/Getty©.

À propos de cet ouvrage

Cette 5e édition française du guide *Barcelone en quelques jours* a été traduite et adaptée de la 5e édition *Pocket Barcelona* mise à jour par Sally Davies et Regis St Louis, également auteur de l'édition précédente.

Traduction Frédérique-Hélion-Guerrini

Direction éditoriale Didier Férat

Coordination éditoriale Karine Thuillier-Rodrigues

Responsable prépresse Jean-Noël Doan

Maquette Laurence Tixier

Cartographie cartes originales adaptées en français par Nicolas Chauveau

Couverture Laure Wilmot

Merci à Sylvie Rabuel pour sa relecture attentive du texte et à Pierre Gallotta.

Index

Voir aussi les index :
Se restaurer p. 190
Prendre un verre p. 191
Sortir p. 191
Shopping. 191

Références des **sites**
Références des **cartes**

Références des **sites**
Références des **cartes**

Se restaurer

Prendre un verre

Sortir

Shopping

es auteurs

Regis St Louis

Il y a dix ans, Regis est tombé amoureux de l'architecture fantasque, de la cuisine inventive et des chaleureux habitants de Barcelone. Depuis, il est souvent retourné dans cette ville, apprenant l'espagnol et quelques mots de catalan pour mieux plonger dans son histoire et sa culture. Il est rentré de son dernier voyage fort d'expériences inoubliables : la célébration du Dia de Reis (rois mages), un spectacle de cirque surréaliste en bord de mer et l'exploration de coins reculés de Montjuïc au lever du soleil. Auteur de la précédente édition de *Barcelone en quelques jours*, Regis a a contribué aux guides *Espagne* et *Portugal* ainsi qu'à de nombreux autres titres de Lonely Planet.

Sally Davies

Débarquée à Séville en 1992 avec quelques pesetas en poche et cinq mots d'espagnol, Sally a réussi à survivre en distribuant des prospectus à l'Exposition universelle. Elle s'est installée à Barcelone en 2001 et s'étonne encore que son travail quotidien consiste à dénicher les bons restaurants, visiter les musées et donner envie aux gens de découvrir cette ville splendide.

elone en quelques jours
tion (Mars 2017)
t et adapté de l'ouvrage *Pocket Barcelona,*
tion, November 2016

légal Mars 2017
78-2-81616-331-5
ié par CGS sp z.o.o en Pologne
ression 02, avril 2018

oyage Éditions | un département place des éditeurs